Wer erfolgreich werden will, muss früh damit anfangen!

Wissen,
das man als junger Mensch
auf dem Weg zum Erfolg benötigt.

Von Samy Othman

I0493103

Für Fragen und Anregungen:

SNSBAT@gmail.com

Auflage 1. Juni 2016

Korrektur: Nadja Othman

Hard/Österreich

Inhalt:

Einleitung: 6

  Was erwartet dich nun genau in diesem Buch? 6

Teil 1: 9

Wenn's die euch nicht beibringen, dann halt ich 9

  Was ist denn nun der richtige Weg? 9

  Unsere Gesellschaft/ Unser Sozialsystem 10

  Beispiel 1: Die Oberschicht 11

  Beispiel 2: Die Mittelschicht 13

Wo stehst du gerade? 16

Wo willst du hin? 19

Was hindert dich an deinen Zielen? 24

  Das Umfeld 24

  Faulheit – einen Plan haben 27

  Sport, Ernährung und Schlaf 28

  Drogen 30

Scheiß auf die Meinung anderer! 35

  Die Meisten sind einfach blind 38

Selber schuld! (Eigenverantwortung) 40

  In den Tag leben 40

  Zu deiner Meinung stehen 41

  Entscheidungen treffen 42

Teil 2: 47

Wie funktioniert die Welt? 47

  Wie funktioniert die Wirtschaft? 48

  Aktien: 52

  Staatsanleihen: 54

  Rohstoffe: 55

  Die Börse: 55

Börsenzyklen, Spekulationsblasen und Börsencrashs: 61

Wie funktionieren Steuern? 63

Wie sparen Unternehmer Steuern? 65

Wie funktionieren Banken? 67

Warum gibt es überhaupt Banken? 67

Banken heute 69

Kreditwürdigkeit 71

Wie funktionieren Versicherungen? 73

Was passiert in Europa/der EU? 78

Wie denken erfolgreiche Menschen? 81

Wie denken nicht erfolgreiche Menschen? 81

Erschaffe deine eigene Realität 84

Denke Positiv 86

Selbstvertrauen und Ehrlichkeit 87

Innovatives Denken 88

Meinung durchsetzen und Verhandeln 89

Deine Finanzen 91

Deine Voraussetzungen: 92

Du bist Schüler? 93

Du bist Arbeiter? 93

Passives Einkommen 97

ETF-Sparpläne 99

Was dich schon bald in deinem Leben erwartet 105

Ich widme dieses Buch allen verloren gegangenen Träumen und Hoffnungen.

Einleitung

V orab möchte ich jeder Leserin und jedem Leser zum Erwerb dieses Buches gratulieren und sagen, dass ich mich freue, die Möglichkeit zu haben, mein Wissen und meine Erfahrungen, die ich über die letzten Jahre meines noch relativ jungen Lebens gesammelt habe, mit euch teilen zu können und euch dadurch hoffentlich einiges an Frust, Verzweiflung und schlaflosen Nächten des Grübelns darüber, wie die Zukunft aussehen wird, ersparen kann.

Außerdem ist es mir eine besondere Ehre, euch alle als Leser dieses Buches zu haben, da dies der erste schriftliche Niederschrieb meiner Gedanken ist und ich mich deshalb besonders freue, diesen Weg mit euch zusammen beschreiten zu dürfen.

Was erwartet dich nun genau in diesem Buch?

Ich nehme an, dass der Großteil der Leser sich dieses Buch gekauft hat, um herauszufinden, wie sie in Zukunft mehr Geld verdienen können, weniger arbeiten müssen, mehr Freizeit haben und auch sonst alles erreichen können, was sie wollen. Kurz gesagt - wie man genau das wird, was man heutzutage einen erfolgreichen Menschen nennt.
Nun, ich muss euch alle enttäuschen, denn dieser Wunschzustand ist eine Illusion.
Nicht, weil dies in unserer heutigen Welt nicht möglich wäre, nein. Der Grund sind wir selbst, oder besser gesagt: unser Gehirn. Denn egal, wie wenig man bereits arbeitet, das Gehirn wird sich immer wünschen, dass wir noch weniger arbeiten

müssen - und egal, wie gut wir bezahlt werden, das Gehirn strebt nach stetig steigender Entlohnung.

Aber angenommen, wir könnten einen Zustand erreichen, indem wir nicht arbeiten müssten, uns aber trotzdem unendlich viele finanzielle Mittel zur Verfügung ständen, wir wären trotzdem unzufrieden. Denn wenn man alles hat, was man braucht, wird einem auf lange Sicht langweilig. Alle um uns herum sind beschäftigt; die Welt kann nur einmal bereist werden und die nächste Staffel unserer Lieblingsserie kommt erst nächstes Jahr heraus. (Ich hoffe, ihr versteht, worauf ich hinaus will.)

Ich will jetzt natürlich nicht entmutigend klingen, ganz im Gegenteil, dieses Buch soll euch unter anderem als Motivationsschub dienen, nahezu als Aufforderung, etwas aus euch zu machen und nicht den ganzen Tag faul im Bett zu liegen und zum x-Mal euren Instagram Feed durch zu scrollen.

„Auf was soll ich dann hinarbeiten, wenn man offensichtlich ja eh niemals glücklich wird im Leben?", hat mich mal ein Schulfreund gefragt, als ich ihm die oben stehende Theorie erklärte und ich muss zugeben, dass ich nicht sofort eine Antwort parat hatte, denn diese Frage muss sich jeder Mensch selber stellen. Was ich euch jedoch in diesem Buch zeigen kann ist, wie ihr eure Zukunft selbst in die Hand nehmt, um sie nach euren Vorstellungen zu gestalten bzw. wie ihr diese Frage selbst beantworten könnt.

Meine persönliche Antwort auf diese Frage würde in etwa lauten, dass ich ein ausgewogenes Verhältnis zwischen Arbeit und Entlohnung finde, genügend Freizeit habe, um Zeit mit meinen Freunden und Hobbys verbringen zu können und im Laufe meines Lebens noch eigene Ziele erreiche, wie zum Beispiel ein Buch zu schreiben oder ein Apartment in New York zu besitzen.

Es gibt Dinge, über die man als junger Mensch Bescheid wissen sollte, und eben genau dieses Wissen will ich euch vermitteln, sodass euch die Antwort auf diese eine essentielle Frage leichter fällt und alle Steine auf dem Weg zum Erfolg weggeräumt sind.

Wie ich euch dabei helfen werde, werdet ihr in den nachfolgenden Kapiteln herausfinden, aber im Prinzip werden wir im ersten Teil des Buches auf unser Schul- und Sozialsystem eingehen und ich werde euch auffordern, selbst zu reflektieren, wie ihr euch selbst seht, wo ihr gerade in eurem Leben steht, was ihr in den nächsten Monaten oder Jahren gerne erreichen möchtet und was euch momentan daran hindert, an euren Zielen zu arbeiten. Im Großen und Ganzen ist der erste Teil des Buches darauf ausgelegt, euch den richtigen „Mindset" zu vermitteln, den man zum Anwenden des praktischen Wissens im zweiten Teil des Buches benötigt.

Im zweiten Teil des Buches werde ich euch praktisches Wissen darüber vermitteln, wie ihr Eigenverantwortung übernehmt, wie Banken, Steuern, Aktien und alles weitere funktioniert, wie ihr eure Finanzen in den Griff bekommt und wie ihr durch Änderung eurer Denkweise zu einem erfolgreicheren Menschen werdet.

Des Weiteren werde ich versuchen, euch mit allen notwendigen Informationen zu versorgen, die ihr benötigt, um ein eigenständiges Leben zu führen.

Wie ihr seht, haben wir viel vor, weswegen wir keine weitere Zeit verlieren und gleich anfangen sollten.

Teil 1:

Wenn´ s die euch nicht beibringen, dann halt ich

Unser Bildungssystem ist eine wunderbare Sache! Aber nicht wunderbar im herkömmlichen Sinne, viel mehr wundere ich mich darüber, wie ein solch verblödetes bzw. veraltetes System so lange im deutschsprachigen Raum Bestand finden konnte.

Das Prinzip ist überall dasselbe; man hat eine gewisse Anzahl an Pflichtschuljahren zu absolvieren, kann sich anschließen entscheiden, ob man einen höheren Abschluss machen möchte, um danach die Möglichkeit zu haben, einen besseren Job zu bekommen oder studieren zu gehen, oder ob man bereits nach den Pflichtschuljahren damit beginnt, arbeiten zu gehen, um Geld zu verdienen und um möglichst schnell unabhängig zu werden.

Dieses Konstrukt ist in den Köpfen der jungen Leute verankert. Wie soll es auch anders sein?

So haben wir es gelernt, so war es immer und so wird es immer bleiben. Wir beginnen nicht einmal nach anderen Möglichkeiten der Lebensgestaltung zu suchen, wir akzeptieren unser Schicksal und nehmen es widerstandslos hin. Schließlich will man ja nicht negativ auffallen und im schlimmsten Szenario gar noch als gesellschaftlichen Außenseiter bezeichnet werden.

Was ist denn nun der richtige Weg?

Nun, wieder einmal muss ich euch alle enttäuschen - sowohl die Abiturienten, Maturanten und Studenten, die sich überlegen fühlend die Hände reiben und denken, durch ihr Fachwissen in Textinterpretation, Biologie oder anderem unnötigen Lehrstoff, der allzu gerne an Schulen und Universitäten gelehrt wird, sie haben den goldenen Schlüssel in der Hand, der ihnen alle Türen im Leben öffnen kann - als auch die jungen Arbeiter, die denken, sie wären besser dran als die anderen, da sie, im Gegensatz zu den Schülern, einen Zeitvorsprung haben, welcher aber nur in den seltensten Fällen wirklich genutzt wird, da nicht mal ein Drittel der jungen, arbeitenden Menschen einen vernünftigen Betrag an Geld anspart bzw. diesen in Wertanlagen oder Ähnliches investiert (Autos, Handys und etwaige Dinge sind keine Wertanlagen, aber dazu kommen wir noch im Kapitel „Deine Finanzen").

Ich möchte nicht behaupten, dass Dinge wie Textinterpretation oder die Naturwissenschaft unwichtig sind, im Gegenteil, ich persönlich interessiere mich sehr für die Natur, Physik oder Chemie. Ich finde einzig und allein, dass diese Lehrgegenstände nur in einem geringen Ausmaß Platz im Leben eines jungen Menschen, der sich schon um tausend andere Dinge kümmern muss, hat.

Ebenso wenig möchte ich sagen, dass sich ein junger Mensch, der 40 Stunden in der Woche arbeitet, nicht einmal etwas Schönes kaufen oder mit seinen Freunden Party machen gehen darf. Nur sollte dies in Maßen getan werden, und immer mit dem Hintergedanken, dass man selbst für seine Zukunft verantwortlich ist, denn wie man als Jugendlicher mit seinen Finanzen umgeht, bestimmt in den meisten Fällen auch, wie die finanzielle Situation als Erwachsener aussehen wird.

Aber keine Angst, es ist egal, welche Richtung ihr bis jetzt in eurem Leben eingeschlagen habt, es ist nie zu spät, noch eine 180-Grad Drehung zu machen und sein Leben noch in eine angenehmere Zukunft zu lenken.

Unsere Gesellschaft/ Unser Sozialsystem

Ich möchte gar nicht allzu konkret auf unser gesellschaftliches System eingehen und darauf, aus welchen ethisch-moralischen Grundsätzen und historischen Ereignissen heraus sich dieses gebildet hat. Vielmehr möchte ich auf den persönlichen Umgang mit der Gesellschaft eingehen, wie sie einen Menschen durch feste Muster in gewisse Richtungen drängen kann, ohne, dass wir es mitbekommen.

Lasst mich das mit zwei Beispielen veranschaulichen.
Es ist nicht meine Intention mit diesen Beispielen irgendwelche Wertungen zu äußern. Sie dienen lediglich der Veranschaulichung von gesellschaftlichen und familienpolitischen Vorgängen.

Um meine Beispiele veranschaulichen zu können, brauche ich fiktive Figuren, dessen „Geschichte" klischeehaft, allerdings in den meisten Fällen sehr zutreffend ist.

Beispiel 1: Die Oberschicht

Hallo, mein Name ist Paul. Ich bin 16 Jahre alt, komme aus einer Familie mit einem monatlichen Nettoeinkommen von über 5000€ und mindestens ein Elternteil ist Akademiker. Ich gehe in ein Gymnasium, spiele ein Musikinstrument und betreibe Sport. Meine Eltern sind Angestellte in Führungs- bzw. Expertenpositionen, wir leben in einem großen Neubauhaus oder einem Apartment in einer Stadt und ich bin ein Einzelkind.

Die Beschreibung zeigt das Portrait eines jungen, männlichen Menschen, der aus einer, laut Definition, überdurchschnittlich vermögenden Familie stammt.

Sein Werdegang ist relativ schnell beschrieben. Er wird seine Schule mit mittelmäßig bis guten Noten abschließen, studieren gehen und sich dann einen Beruf in einer stabilen Firma mit guter Bezahlung suchen. Dort wird er 35 – 45 Stunden pro

Woche arbeiten, um sich und seine Familie zu versorgen, seinen Bankkredit und seine Rechnungen, Versicherungen und Ähnliches zu bezahlen. Er kann sich nicht übermäßig viel Luxus leisten, lebt allerdings auch nicht besonders schlecht. Beim Buchen von Urlauben oder beim Kauf von Lebensmitteln und Kleidung muss zum Beispiel nicht wahnsinnig auf den Preis geachtet werden. Er wird sich selbst als aufgeklärten, intellektuellen Menschen sehen und würde auch in der Gesellschaft als solcher angesehen werden. Jedoch ist sein Verständnis für Finanzen und sein wirtschaftliches Denken meist begrenzt, was ihn effektiv davon abhält, ein finanziell unabhängiges Leben zu führen und sein Vermögen unabhängig davon, wie viel er arbeitet, zu vermehren. Wie wir wissen, ist unsere fiktive Person ein Arbeitnehmer und muss daher bis zu seiner Pensionierung arbeiten. Auf diese Weise bleibt er immer abhängig und schafft den Sprung in die Unabhängigkeit, sprich, ein Leben, in dem man nicht von der Arbeit bzw. dem Arbeitgeber abhängig ist, nie. Was finanzielle Unabhängigkeit ist, wie man sein Vermögen unabhängig von seiner Arbeitsleistung steigert kann, usw., wird in späteren Kapiteln angeführt.

Lasst mich ehrlich sein. Dieser Werdegang ist, verglichen mit den vielen anderen Möglichkeiten ein Leben zu gestalten, gar nicht so übel. Wenn man damit einverstanden ist, ein ganzes Leben lang zu arbeiten, um ein Leben, das nur leicht überdurchschnittlich gut ist, zu führen, habt ihr hier eure Antwort bereits gefunden und müsst nicht mehr weiterlesen. Aber wollt ihr wirklich euer ganzes Leben lang arbeiten, um später nur zurückzublicken, um festzustellen, dass die viele Arbeit für nichts war, weil uns einfach nichts Greifbares geblieben ist?

Beispiel 2: Die Mittelschicht

Hallo mein Name ist Natalie. Ich bin 15 Jahre alt, habe gerade die Pflichtschule abgeschlossen und beginne bald meine Berufsausbildung oder bilde mich anderwärtig weiter. Ich komme aus einer Familie mit einem Nettoeinkommen von ca. 2000€ bis 4300€, meine Eltern sind beide Angestellte in ausführenden Positionen und wir leben in einem Altbauhaus oder in einer Neubauwohnung in einer Kleinstadt bzw. einer Vorstadt. Ich habe 1-2 Geschwister.

Was wir gerade gelesen haben, passt auf das Bild eines jungen, weiblichen Menschen, der, laut Definition zumindest, aus der Mittelschicht stammt.

Der Werdegang junger Leute, abstammend aus einer mittelständigen Familie, variiert sehr stark.
Im Grunde gibt es drei Szenarien:

Szenario 1:
Einstieg in eine Anstellung nach Abschluss der Pflichtschuljahre.

Szenario 2:
Einstieg in eine Anstellung mit zusätzlicher Nebenausbildung, egal ob firmenintern oder firmenextern.

Szenario 3:
Ähnlich des Werdeganges eines Kindes aus einer „Oberschicht-Familie".

Abgesehen von Szenario 3, dessen Endresultat dementsprechend ähnlich wie das des ersten Beispiels ist, sind die Ergebnisse für die anderen beiden Szenarien wie folgt:

Kurz nach Beginn der beruflichen Laufbahn wird Natalie schon die ersten Konsumschulden machen, wenig Geld sparen und kein Geld in Wertanlagen investieren, was zur Folge hat, dass sie ein Leben startet, ohne ein wirklich festes Fundament zu haben. Was dies zur Folge hat, ist gleich erklärt. Bankkredite werden an sie, wenn überhaupt, nur zu exorbitant schlechten Konditionen vergeben, was wiederum zur Folge hat, dass sie zu fast keinem Zeitpunkt genügend Geld zur Verfügung hat. Denn wenn sie zwischen einem Leben ohne Schulden, dafür aber auch ohne Wohnung und Auto oder einem Leben mit Haus und Auto, jedoch mit Schulden, wählen muss, wird sie sich, wie die meisten anderen Menschen auch, ganz klar für das Leben mit Haus und Auto entscheiden, was, wie wir später noch feststellen werden, ein fataler Fehler ist.

Für unsere Gesellschaft ist dieses Ergebnis nur halb so schlimm, wie es sich anhört. Man kann ein durchschnittliches Leben führen, ohne viel Luxus oder Schnickschnack, muss dafür aber, wie wir bereits in Beispiel eins gesehen haben, sein ganzes Leben lang arbeiten, ohne Aussicht auf Besserung.

Natürlich werdet ihr alle paar Jahre eine Lohnerhöhung bekommen, von der ihr dann stolz euren Freunden, Partnern und wahrscheinlich sogar Eltern erzählt, wobei diese Lohnerhöhungen lediglich die Geldbeträge decken, die euch durch die Inflation in den letzten Jahren entgangen sind.
Was dazukommt, ist die Tatsache, dass jede politische und wirtschaftliche Fehlentscheidung von der Mittelschicht getragen werden muss, da sie prozentual die meisten Steuern zahlt (in der Gesamtheit gesehen).

Ich gehe explizit nicht auf die extrem reiche und extrem arme Bevölkerungsschicht ein, da für sie, wie ich meine, dieses Buch sowieso nicht von Relevanz ist. Zum einen, da die Nachkommen der reichen Familien, das in diesem Buch enthaltene Wissen, wie Robert T. Kiyosaki in seinem Buch „ Rich Dad, Poor Dad", erwähnt, von ihren Eltern mitgeteilt bekommen und um einen Einfluss auf die ärmeren Bevölkerungsgruppen auszuüben, bedarf es mehr als nur ein Buch, sondern politische Reformen und Unterstützungsprojekte.

Wahrscheinlich habt ihr euch alle schon gefragt, zu welcher Gruppe ihr gehört. Diese Einordnung müsst ihr selbst vornehmen, wobei ich noch erwähnen möchte, dass es diese eine Reinform in der realen Welt nicht gibt, es handelt sich immer um Variationen von Lebensstilen und Lebensweisen. (Mehr zum Thema Selbsteinschätzung im nächsten Kapitel „Wo stehst du gerade?".)

Wo stehst du gerade?

Ich möchte dieses und die nachfolgenden Kapitel so kurz wie möglich halten, da sie aus meiner Sicht nicht allzu spannend sind und ich meine Zeit selbst lieber damit verbringe, über interessante Themen zu schreiben. Wie man zum Beispiel Geld für einen arbeiten lassen kann, mit welchen Techniken man jede Verhandlung gewinnt, ...

Die kommenden Kapitel sind aber deshalb so wichtig, weil wir, bevor wir uns die Techniken und Eigenschaften um erfolgreich zu werden aneignen können, wissen müssen, wofür wir dieses Wissen überhaupt benötigen bzw. inwiefern es uns hilft, unsere Ziele zu erreichen.

Wie die Kapitelüberschrift schon sagt, dreht sich in diesem Kapitel alles um euch.

Denn bevor wir beginnen können, festzulegen, welche Ziele ihr verfolgt und wie ihr diese erreicht, solltet ihr euch erst darüber im Klaren sein, wer ihr überhaupt seid.

Das klingt im ersten Moment vielleicht etwas komisch, viele Menschen sind sich ihrer momentanen Situation jedoch nicht vollends bewusst.

Was ich damit meine, ist, dass nicht jeder dazu in der Lage ist, seine momentane Situation völlig objektiv zu beurteilen, d.h. wie „gut" oder eben auch „schlecht" er dasteht. Dies ist keine Schande, denn schließlich ist man je nach Zeitpunkt von seiner momentanen Gefühlslage bzw. seinem psychischen Zustand beeinflusst.

Ein Beispiel: Ein junger Schüler hat sich gerade verliebt, er verbringt sehr viel Zeit mit seiner neuen Freundin und bemerkt nicht, dass seine Schulnoten immer schlechter werden. Trotz der denkbar schlechten Schulsituation ist er glücklich und sorgenfrei, da er durch seine momentanen Gefühle nicht in der Lage ist, seine Umwelt objektiv wahr zu nehmen. Dieses Verhalten ist absolut menschlich, doch muss man ab und zu die eigenen Emotionen untergraben und sich objektiv darüber klar werden, in welcher Lebenslage man gerade ist und wie man momentan „performed".

Dies muss wieder jeder Einzelne für sich selbst machen.
Ich empfehle euch, ein Blatt Papier zur Hand zu nehmen und schön säuberlich alle eure Lebensbereiche schriftlich festzuhalten, da wir in den nachfolgenden Kapiteln an einem Plan bzw. einer Struktur arbeiten werden, die euch dabei helfen wird, euch leichter in eurem Leben zu orientieren, euch Ziele zu setzen und auch eure Zeit zu managen. Diese Liste könnte z.B. so aussehen:

- Schule/Arbeit
- Sport
- Freunde
- Familie
- Freizeit
- Usw.

Im nächsten Schritt müsst ihr euch über euren persönlichen Wert klar werden. Diese Aufgabe mag im ersten Moment sehr hart klingen, da man keinen Menschen nach seinem Wert beurteilen kann und das auch gar nicht soll. Was ich meine, ist etwas anderes. Ihr müsst euren eigenen Wert ermitteln, den man als Mensch in Form von z.B. Wissen oder Arbeitsleistung erbringen kann.

Jeder Mensch ist in der Lage, seinen persönlichen Wert zu steigern, indem er sich zum Beispiel weiterbildet (wie ihr es gerade beim Lesen dieses Buches tut) oder auch, indem man seine Arbeitsmoral steigert.
Hier ein paar Fragen zur Anregung:

Wie verdiene ich mein Geld?

Wie investiere ich mein Geld?

Wie investiere ich meine Zeit?

Welche Qualifikationen habe ich?

Welchen Mehrwert kann ich <u>bieten</u>?

Welchen Mehrwert kann ich <u>erschaffen</u>?

Welchen Einfluss habe ich auf meine Mitmenschen?

Usw.

Da ihr nun festgestellt habt, wie eure momentane Lebenslage aussieht und ihr ebenfalls euren eigenen Wert bestimmt habt, müsst ihr euch nun der mit Abstand schwierigsten Aufgabe stellen, und zwar der Selbstbewertung.

Ich möchte, dass ihr völlig objektiv und ehrlich euren Charakter, eure Gewohnheiten, euren Umgang mit Verantwortung, Mitmenschen und Arbeit schriftlich festhaltet.
Fangt aber noch nicht damit an, selbst zu entscheiden, ob diese Eigenschaften gut oder schlecht sind.

Nachdem ihr all das getan habt, könnt ihr euch ruhig eine Pause gönnen und anschließend im Kapitel „Wo willst du hin?" weitermachen.

Wo willst du hin?

Nachdem ihr nun eine genaue Struktur eures Umfeldes, eine Vorstellung eures Wertes und eine hoffentlich objektive Selbsteinschätzung habt, kommen wir nun zu einer weitaus wichtigeren und auch spannenderen Thematik, nämlich die der Zukunftsplanung.

Ich persönlich finde dieses Thema deshalb so interessant, da der Kreativität schlichtweg keine Grenzen gesetzt werden können.
Als Vertreter der „Durch Willensstärke und Mut kann man alles im Leben erreichen"-Theorie, bin ich der Meinung, dass man jedes Ziel, das man sich steckt, auch wirklich erreichen kann und sich **unter keinen Umständen etwas anderes erzählen lassen bzw. aufgrund von anderen seine Erwartungen an sich selbst und sein Leben herabsetzen sollte!** (Mehr dazu im Kapitel „Scheiß auf die Meinung anderer!")
Nichtsdestotrotz, die Zukunftsplanung bleibt ein kompliziertes Thema, denn trotz jeder menschenmöglichen Positivität, man ist und bleibt an die Realität und somit auch an die Grundregeln der Physik gebunden.
Theoretisch gesehen, sollte es euch aufgrund der im Kapitel „Wo stehst du gerade" erhaltenen Informationen wesentlich leichter fallen, euch euren perfekten Zukunftsplan zusammen zu stellen. Praktisch sieht die Welt jedoch immer anders aus.

Die Tatsache, dass dieser Entwicklungsprozess nicht nur langwierig und zäh, sondern auch im ständigen Wandel ist, erschwert alles. Man kann sich nie sicher sein, was die Zukunft bringt, das ganze Leben kann sich von heute auf morgen um 180 Grad drehen und im schlimmsten Fall, hat man gar keine Zeit, lang über irgendwelche Entscheidungen nachzudenken, sondern muss sofort agieren. Doch als erfolgreich denkender bzw. eigenverantwortlicher Mensch, habt ihr mit jeglicher Art von Veränderung klarzukommen, seien es Veränderungen der

Interessen, der körperlichen bzw. geistigen Verfassung oder das sonstiges Umfeld betreffend und müsst eure Zukunftspläne dementsprechend adaptieren.

Während ihr nun festgestellt habt, dass der Vorgang der Zukunftsplanung ein äußerst individueller Prozess ist, werdet ihr hoffentlich auch gemerkt haben, dass man einem dermaßen kreativen Prozess keine festen Regeln oder Richtlinien aufdrücken kann. Trotzdem will ich euch ein paar Denkanstöße, eventuell ein paar Tipps, geben, die euch weiterhelfen können.

Als erstes nehmt ihr euch ein neues, weißes Blatt Papier zur Hand und anschließend schreibt ihr dann alle eure Ziele auf, die ihr im Leben erreichen wollt. Egal, wie surreal oder eventuell auch peinlich sie euch erscheinen mögen. Schreibt auf, was euch als Erstes in den Sinn kommt oder schreibt auf, was ihr schon immer im Hinterkopf hattet. Träume, Wünsche, Ziel. Ganz egal, ob es ein gewisser Geldbetrag auf eurem Konto, ein Auto, teure Kleidung, oder ein persönliches Ziel wie zum Beispiel einen Marathon laufen ist. Schreibt es auf! Denn sobald ihr etwas schriftlich festgehalten habt, wird es zu etwas Realem. Der Zweck dieser Übung soll allerdings sein, dass ihr eure Ziele realistisch wählt und auf euer Leben eingeht und schaut, was im Rahmen des machbaren liegt. Ihr sollt den vor euch liegenden Zettel nicht als Wunschliste ans Christkind betrachten und wahllos Dinge draufschreiben, es müssen Ziele sein, die euch wirklich etwas bedeuten und für die es sich zu arbeiten lohnt.

Als zweites folgt die zeitliche Einteilung. Bleibt bei der Einteilung, egal wie hochgesteckt eure Ziele erscheinen mögen, realistisch und wählt einen Zeitraum, in dem ihr euer Ziel theoretisch erreichen könnt. Oftmals fehlt den Menschen die Fähigkeit, Zeiträume realistisch einzuschätzen und genau dafür habe ich eine kleine Übung parat: Überlegt euch jeweils ein Ziel, dass ihr in 3 Tagen, 3 Wochen, 3 Monaten und 3 Jahren erreichen könnt. Das heißt, ihr müsst euch überlegen, was könntet ihr euch für ein

Ziel setzen, das ihr in 3 Tagen erreichen könnt, das euch glücklich und vor allem stolz macht.

Das Selbe solltet ihr mit all euren Zielen machen. Versucht eure Ziele in Kategorien einzuteilen und die Frist dann auch wirklich einzuhalten. Ob ihr etwas für eure Ziele tut oder nicht, ist euch selbst überlassen, aber denkt stets daran, die Zeit vergeht mit oder ohne eurem Handeln, ihr verliert Zeit oder ihr nutzt sie. Denn es liegt ganz und gar bei euch, ob ihr nach Ablauf eurer Frist mit verschwendeter Zeit oder mit erreichtem Ziel dasteht.

(Wer von euch gerne Hip-Hop bzw. Rap hört, dem empfehle ich den Titel „Till I Collaps" von Eminem zu hören. Anfangs rappt er darüber, dass solange er lebt, er seinen Traum als Rap Künstler weiterleben wird und egal, wie erfolgreich er dabei ist, niemand sagen kann, dass er es nicht versucht hat.)

Nachdem ihr die Schritte eins und zwei erfolgreich absolviert habt, solltet ihr euch nun zum Schluss noch ein paar Fragen stellen. Oder besser gesagt, ihr solltet euch eine einzige, aber wichtige Frage stellen. **Wie weit seid ihr bereit für eure Ziele zu gehen?**

Und bitte, tut euch selbst einen Gefallen und beantwortet diese Frage nicht mit „Ich würde alles dafür tun." Bleibt, wie immer, realistisch. Seid ihr zum Beispiel bereit, auf die immer neueste Kleidung, die ihr zwar schön findet, aber nicht unbedingt braucht, zu verzichten? Verkraftet ihr es, mit öffentlichen Verkehrsmitteln zu fahren statt mit dem eigenen Auto, oder wenn man mit Freunden weggeht einfach mal nur ein Getränk zu konsumieren anstatt den gewohnten 5+?

Mit diesen Überlegungen solltet ihr klarerweise nicht versuchen, euer Leben so miserabel wie möglich zu gestalten, sondern einfach nur feststellen, welche Abstriche ihr gewillt seid zu machen, um schlussendlich eure Träume verwirklichen zu können.

Zur Info: Belügt ihr euch selbst bei der Beantwortung dieser Frage, dann lässt es lieber gleich sein. Denn wenn man nicht darauf verzichten kann, jeden Tag vorm Schlafen ein Nutella Brot zu essen, wird man auch niemals den schlanken Bauch haben, den man sich schon immer gewünscht hat.

Mehr zum Thema, was einen daran hindert, seine Ziele zu erreichen, gibt es im nächsten Kapitel. Jetzt aber noch ein paar Worte zur Zielsetzung.

Wie uns die Erforschung der menschlichen Psyche, insbesondere die der Verhaltenspsychologie, nahelegt, handelt jeder Mensch nach einem gewissen Verhaltensmuster, welches von den verschiedensten Umweltfaktoren geprägt ist. Diese Faktoren werden von der Erziehung, über Freunde und Umfeld, bis hin zu Kleinigkeiten wie zum Beispiel der Lieblingsfilm oder eine Lieblingsserie beeinflusst.

Was ich damit sagen will, ist, dass sich jeder von euch fragen sollte, ob die Ziele, die er sich nun gesetzt hat, wirklich die eigenen sind oder ob er diese nur von jemand anderem übernommen hat. Wenn letzteres zutrifft, rate ich euch, dieses Ziel so schnell wie möglich wieder zu verwerfen, denn in diesem Fall werdet ihr nie die nötige Eigenmotivation finden, die ihr benötigt, um euch eure Wünsche zu erfüllen.
Außerdem solltet ihr euch überlegen, warum ihr diese Ziele erreichen wollt. Wollt ihr sie erreichen, um euch selbst glücklich zu machen? Wollt ihr sie erreichen, um eure Eltern stolz zu machen oder wollt ihr sie erreichen, um es der Ex-Freundin oder dem Ex-Freund heimzuzahlen? Ich kann euch versichern, dass es lediglich die Ziele schaffen werden, die erstens von euch stammen und zweitens nur dazu dienen euch selbst glücklich zu machen.
Was nicht heißen soll, dass wenn ihr mit dreißig in eurem neuen Ferrari, den ihr euch natürlich nur gekauft habt, weil euch das glücklich macht, durch die Stadt fährt, nicht den positiven Nebeneffekt habt, dass er eure ehemaligen Freunde oder Partner in Neid untergehen lässt. Aber das wird euch in dem Moment egal sein, denn wie wir im Kapitel „Wie denken

erfolgreiche Menschen?" herausfinden werden, handeln erfolgreiche Menschen nie aus Hass, Wut, Rache oder Enttäuschung heraus.

Nachdem ihr auf dem Weg zur gelungen Zielsetzung die drei wesentlichen Schritte befolgt habt, müsstet ihr jetzt einen Zettel mit all euren Zielen in der Hand halten. Lest euch eure aufgeschriebenen Dinge ein letztes Mal genau durch und faltet den Zettel anschließend. Platziert den Zettel an einem sicheren Ort, wo er bestimmt nicht verloren gehen kann und holt ihn nur dann wieder heraus, wenn ihr eure Ziele entweder vergessen oder ihr ein Ziel davon erreicht habt und ihr es abhaken könnt.

Ich habe einmal gelesen, dass wenn es einem nicht peinlich ist, vor seinen Freunden und seiner Familie über die eigenen Ziele und Träume zu sprechen, man zu kleine Ziele bzw. Träume verfolgt. Ich kann dieser Aussage zu 100% zustimmen.

Was hindert dich an deinen Zielen?

Um am Thema Zielsetzung anzuschließen, möchte ich in diesem Kapitel darüber sprechen, was euch an euren Zielen hindert, wie ihr damit umgeht, warum es schwer fallen wird, diese Faktoren zu eliminieren und weswegen ihr es trotzdem tun solltet.

Das Umfeld

Das Umfeld ist unter anderem eines der größten Beeinflussungsquellen, denen ein Mensch ausgesetzt ist. Eines der Hauptprobleme dabei ist, dass man sein Umfeld nur geringfügig zu seinem Vorteil modifizieren kann, was bedeutet, dass wir konstant Fremdeinflüssen, positiver und negativer Art, ausgesetzt sind und es unsere Pflicht ist, dafür zu sorgen, von den Positiven zu profitieren und die Negativen auszublenden.
Einige von euch werden sich bestimmt fragen, was ich mit Umfeld meine. Das Umfeld eines Menschen lässt sich prinzipiell folgendermaßen einteilen:

Die Familie:

Die Familie ist ein sehr heikles Thema, dass ich deswegen auch nur sehr ungern anspreche, da es stark von Kulturkreis zu Kulturkreis variiert. So ist es im mitteleuropäischen Kulturkreis gang und gebe, mit rund 20 Jahren auszuziehen um entweder studieren zu gehen oder ein eigenes Leben zu beginnen und sich dann nur an den Feiertagen und Geburtstagen mit der Familie trifft. In etwas südlicheren Kulturkreisen ist es hingegen normal, sich mehrmals die Woche mit der Familie zu treffen bzw. zu telefonieren, sich gegenseitig zum Essen einzuladen, …
Doch das will ich gar nicht konkret ansprechen.
Was ich viel eher ansprechen möchte, sind die „Verhältnisse", aus denen man stammt.

Eltern beeinflussen einen Menschen enorm, vor allem in der Kindheit.

Und zwar nicht nur durch aktive Erziehungsmethoden, sondern auch durch Faktoren wie Ordnungsgewohnheiten, ethisch-moralische Grundsätze (auch bzgl. Arbeitsmoral), Religion, politische Ideologien, usw.

Freunde:

Wie bereits in vorigen Kapiteln erwähnt, neigen Menschen dazu, ihre eigenen Handlungen, wie zum Beispiel ihre Manieren, ihre Art zu reden, ihre Gestik, ihre Mimik, und andere Verhaltensmuster von den Menschen in ihrem Umfeld anzunehmen.

Besonders stark kann man das anhand des Verhaltens von Menschen in einem bestimmten Personenkreis beobachten. Man kann genau sehen, dass Menschen, die mehrmals in der Woche zusammen etwas trinken gehen oder andere Aktivitäten zusammen unternehmen bzw. Kontakt haben, oft ähnliche Verhaltensweisen bzgl. dem verwendeten Vokabular, der Gangart und anderen Aspekten aufweisen.

Ich würde sogar noch ein bisschen weiter gehen und behaupten, dass sich der enge Freundeskreis, dessen Verhalten und auch die allgemeine Gruppendynamik, stark auf den Charakter eines Menschen auswirkt. Im Begriff Charakter sind auch Verhaltensgewohnheiten wie z.B. allgemeine Problemlösungsstrategien, Produktivität, wie offen man gegenüber anderen Meinungen ist, oder wie man grundsätzlich denkt und handelt, definiert.

Darum denke ich, dass es für den Erfolg eines Menschen äußerst entscheidend ist, mit welchen Leuten man sich tagtäglich umgibt. Grundsätzlich gilt aber: sucht euch eure Freunde nicht nach Äußerlichkeiten, sondern nach Sympathie, aus. Ihr solltet trotzdem darauf achten, wen ihr euch als Freunde sucht, denn im

Endeffekt repräsentieren sie euch auf eine gewisse Art und Weise nach außen hin.

Wie ich auch später noch erwähnen werde, muss man als erfolgreicher Mensch in der Lage sein, Entscheidungen zu treffen, die dem eigenen Wohl dienen.

Wenn ihr euch also in einer Situation befindet, in der eure Freunde keinen positiven oder, sogar noch schlimmer, einen negativen Einfluss auf euch haben, ist es durchaus angebracht, darüber nachzudenken, den Freundeskreis zu wechseln. Und ja, ich weiß wie hart das klingt.

...denn Freunde haben in meinen Augen die Funktion, einen aufzuheitern, wenn man einen schlechten Tag hat, einen zu ermutigen, wenn man neue Schritte geht, einen zu inspirieren, wenn man seine Ziele aus den Augen verliert und vor allem zu unterstützen, wenn man Hilfe benötigt. Freunde sollten dich auch dazu animieren, mehr vom Leben zu bekommen, dich vorantreiben, dich fordern und in Zeiten, in denen man antriebslos ist, sollten sie dir einen Tritt in den Hintern verpassen und dir sagen, was du zu tun hast. Das sind in meinen Augen gute Freunde.

Dein Wohnort:

Euer Wohnort gehört gewissermaßen auch zu eurem Umfeld, ist damit also auch bis zu einem gewissen Grad entscheidend für die zur Verfügung stehenden Möglichkeiten.

Ich sage allerdings bewusst „nur zu einem gewissen Grad", da die Zeit, in der wir leben, bereits dermaßen fortgeschritten und modern ist, sodass wir nur begrenzt Nachteile daraus ziehen, wenn wir nicht mitten in der Stadt wohnen. Ein Grund dafür ist natürlich das Internet. Es steht uns nicht überall, sondern auch zu jeder Tageszeit, zur Verfügung. Ein weiterer Grund stellt die Infrastruktur da. Die öffentlichen Verkehrsmittel haben sich in den letzten paar Jahren stark den Bedürfnissen der Menschen angepasst, sodass es mittlerweile kein Ding der Unmöglichkeit mehr ist, an einem Tag von Wien nach Frankfurt und anschließend weiter nach Berlin zu reisen, und das auch noch für wenig Geld. Trotzdem kann ich verstehen, dass euer Standort euch negativ beeinflusst, da in ländlicheren Gegenden allein schon die Mentalität der Leute ganz anders ist.

Das sind also die Dinge, die man als Umfeld bezeichnet. Was ihr mit diesen Informationen macht, ist euch überlassen. Jedoch möchte ich euch noch folgende Weisheit mit auf den Weg geben:

„Ein nicht erfolgreicher Mensch lässt sich von seinem Umfeld formen, er ist ein Mitläufer, der weder selbstständig denkt noch handelt. Ein erfolgreicher Mensch hingegen formt sein Umfeld nach seinen eigenen Vorstellungen und Idealen und passt sich nicht an."

Faulheit – einen Plan haben

Der zweite große Faktor, der dich zurückhalten kann, ist Planlosigkeit in Kombination mit Faulheit.

Wir alle kennen es: man hat viel zu lernen, eigentlich nur wenig Zeit und trotzdem entscheiden wir uns dafür, demotiviert in unserem Bett zu liegen und in Selbstenttäuschung und Selbstmitleid zu versinken. Wir rechtfertigen dann Handlungen wie diese gern mit Aussagen wie „Ich bin einfach ein fauler Mensch" oder „Ich wollte ja lernen, aber ich war zu müde". Das stimmt aber nicht. Wir selbst denken in diesen Situationen wirklich, dass wir als „faule Menschen" geboren sind, und dass wir wirklich müde sind. In Wahrheit fehlt uns nur ein Plan. Das heißt, wenn wir nicht wissen, was genau zu tun ist, wo wir anfangen sollen, wie wir vorgehen und wann welche Aktivitäten zu tun sind, dann beginnen wir erst gar nicht. Die Planlosigkeit treibt uns in die Faulheit.

Die Lösung zu diesem Problem ist sowohl simpel als auch effektiv.

Was ihr als ersten benötigt, ist eine To-Do-Liste, auf die ihr alle Aufgaben schreibt, die ihr erledigen müsst und bis wann ihr diese zu erledigen habt, denn schlimmer als eine Aufgabe nicht zu erledigen, ist es, diese zu vergessen.

Nachdem ihr also eure Aufgaben ordentlich aufgeschrieben habt, könnt ihr an euren „Arbeitsplänen" arbeiten. Das klingt im ersten Moment abschreckend, aber meine Arbeitspläne bestehen meist aus ein paar Wörtern, Linien und Zahlen, geschrieben auf einen kleinen Schmierzettel. Im Grunde schreibst du auf diese Arbeitspläne, wie du Aufgaben, die mehrere Arbeitsschritte benötigen, angehst bzw. wann du welche Arbeitsschritte in Angriff nimmst.

Ein paar von euch werden sich jetzt bestimmt denken, dass ihnen das zu viel Organisation ist und sie so nicht arbeiten wollen, die Devise lautet aber „work smart, not hard", was so viel heißt wie „arbeite klug , nicht viel". Wenn du dich erst einmal daran gewöhnt hast, deine To-Do Listen zu managen, wirst du merken, wie viel mehr Zeit du hast, um die Dinge zu tun, die du wirklich machen willst. Zudem kommt, dass du weniger gestresst bist und dadurch besser schlafen kannst, was wiederum zur Folge hat, dass du am nächsten Tag mehr Energie hast, um mehr zu schaffen als am Vortag. So kannst du es schaffen, bei gleichem Energieaufwand wie zuvor, Tag für Tag mehr zu leisten.

Sport, Ernährung und Schlaf

Man sagt, dass das Geld heutzutage mit dem Kopf verdient wird und man keine körperliche Arbeit mehr verrichten muss, um seinen Lebensunterhalt zu verdienen.

Dem stimme ich nicht zu. Zum einen, weil ich denke, dass man sein Geld schon immer mit dem Kopf verdient hat, und zum anderen, weil man trotzdem körperlich aktiv sein muss, um Geld zu verdienen. Mit körperlich aktiv muss aber nicht unbedingt körperlich anstrengende Arbeit gemeint sein, sondern einfach nur körperliche Fitness.

Körper und Kopf sind immer zusammenhängend und können nie getrennt gesehen werden. Wollen wir also, dass unser Kopf zu Hochleistungen fähig ist, müssen wir uns auch um unseren Körper kümmern. Ganz nach dem lateinischen Spruch „Mens sana in corpore sano" – ein gesunder Geist in einem gesunden Körper.
Im Prinzip ist es egal, welche Art von körperlichen Aktivitäten ihr wählt, ob es drei Mal die Woche Sport ist, jeden Tag mit eurem Hund spazieren gehen oder auch nur ein paar Liegestütze und Sit-Ups jeden Tag nach dem Aufstehen. Es ist nur wichtig, dass ihr etwas tut.

Genauso wichtig wie Sport, ist die Ernährung.
Wir haben das Glück, in einer Zeit zu leben, in der uns fast unlimitiert viele Lebensmittel zur Verfügung stehen. Angefangen von der heimischen Milch, bis hin zu tropischen Früchten, die über tausende von Kilometern transportiert werden, um in unsere Supermärkte zu kommen.
Was viele Menschen aber vergessen, ist, das Essen eigentlich kein Genussmittel sein sollte, sondern vielmehr eine nötige Energiequelle für unseren Körper. Unsere körperliche wie auch geistige Leistungsfähigkeit hängt davon ab, wie hochwertig die Lebensmittel sind, die wir konsumieren. Nehmen wir also nur schlechte nährstoffarme Nahrung zu uns, geht es uns schlecht, frei nach dem Spruch „Du bist, was du isst".

Der ausbalancierteste Fitnessplan und die weltbeste Ernährung helfen aber nichts, wenn man das Thema Schlaf einfach schleifen lässt.
Ich bin noch Schüler und beobachte jeden Tag, wie Mitschüler todmüde im Unterricht sitzen, nichts mitbekommen, unproduktiv sind und sich durch den Tag quälen. Wenn sie dann

nach Hause kommen, schlafen sie bis zehn Uhr abends und sitzen dann anschließend bis spät nachts vor ihrem Laptop, chatten oder sehen sich Filme und Serien an.

Wenn ihr einer dieser Menschen seid, dann rate ich euch, sofort damit aufzuhören. Nicht, weil ihr dadurch nie etwas erreichen werdet und sowohl im Arbeits- wie auch im Schulleben versagt, sondern, weil sich akuter Schlafmangel langfristig wahnsinnig schlecht auf eure Gesundheit auswirkt und zu irreparablen Schäden führen kann.

Also was tun?
Ganz einfach.

Ein gesunder junger Mensch, der ein paar Mal die Woche Sport betreibt, braucht zwischen 1800 und 2600 Kcal an Nahrung, und zwischen 6 und 8 Stunden Schlaf täglich.

Diese Faktoren sind abhängig davon, ob man männlich oder weiblich ist und ob man bereits ausgewachsen ist, oder noch im Wachstum steckt.

Drogen

Tja, ob es die Gesellschaft wahr haben will oder nicht, Drogen spielen nun mal bis zu einem gewissen Grad eine Rolle im Leben eines jungen Menschen, weswegen ich es für notwendig halte, darüber zu schreiben.

Vorab möchte ich sagen, dass nichts von dem was ich über diese Thematik schreibe, als Anreiz gesehen werden soll, in irgendeiner Weise mit irgendwelchen illegalen Substanzen in Verbindung zu treten.

Ich werde nun erörtern, wie sich Drogen im Endeffekt auf den Erfolg eines Menschen auswirken.

Drogen können unterschiedlich klassifiziert werden.
Nach Definition ist eine Droge eine Substanz, die durch den Konsum den Bewusstheitszustands eines Menschen verändert. Deswegen können prinzipiell viele Dinge als Drogen gesehen werden. Sowohl ein Bier, welches man sich nach einem harten Arbeitstag genehmigt, als auch die N^2O Gase, die man im Supermarkt in Form von Sahnesprühdosen kaufen kann, könnten grundsätzlich als Drogen durchgehen.
Im Prinzip gibt es verschiedene Arten von Substanzen. Auf der einen Seite die Stimulantien, in Form von Amphetaminen, Meth Amphetaminen und Koffein und auf der anderen Seite die psychoaktiven Substanzen, wie Marihuana, Magische Pilze und LSD.

Im Grunde wirken alle Substanzen einer Gruppe ähnlich.

Stimulantien:

Die Effekte von Stimulantien sind im Allgemeinen:

- erhöhte Leistungsfähigkeit, sowohl geistig als auch körperlich
- erhöhte Konzentration
- erhöhte Körpertemperatur
- Glücksgefühle durch Ausstoß von Serotonin (vor allem bei Stimulantien wie MDMA, auch bekannt als Ecstasy), Adrenalin und Dopamin

Die Nebeneffekte sind in den nachfolgenden Tagen:
- Müdigkeit
- Antriebslosigkeit
- Konzentrationsprobleme
- depressive Zustände

Die negativen Effekte auf den Körper sind Organschäden, neurotoxische Schäden im Gehirn, und vieles mehr.

Ich bin mir im Klaren darüber, dass Amphetamine, auch bekannt als Speed und Adderall, vor allem bei Schülern und Studenten als Lerndroge eingesetzt wird. Dies ist jedoch nicht sehr empfehlenswert, da eine psychische Abhängigkeit schleichend kommt und man nur schwer wieder von solchen Substanzen wegkommt. Wenn ihr mal wirklich eine Nacht für eine Klausur durchlernen müsst, dann sollte es ein halber Liter Kaffee auch tun.

Psychoaktive Substanzen:

Diese Substanzen sind eine komplett andere Sache, da ihre Effekte auf jeden einzelnen anders wirken.

Als erstes möchte ich auf Marihuana, Gras oder wie auch immer man den Wirkstoff THC umschreiben will, eingehen.

Die meisten von euch werden wahrscheinlich schon einmal in Kontakt mit der Droge selbst oder mit Leuten, die mit der Droge in Verbindung stehen, gewesen sein.

Die allseits bekannten Effekte sind:

- erhöhte Kreativität
- Entspannen der Muskulatur
- erhöhtes Hungergefühl
- Verwirrtheit bis hin zur Paranoia

Wir leben in einer Gesellschaft, in der Marihuana sozial immer mehr anerkannt und deswegen auch entkriminalisiert wird. Ich selbst bin ebenfalls ein Vertreter der Partei, die sagt, dass man diese Droge legalisieren und eine staatliche Regulierung einführen sollte. Dies hätte nicht nur Vorteile für den Staat, der jedes Jahr Millionen von Euros an Steuern einnehmen könnte, sondern auch für den Konsumenten, der sich durch Qualitätsstandards sicher sein kann, dass sein Gras nicht mit irgendwelchen giftigen Streckmitteln behandelt wurde.

Ich sehe nichts Verwerfliches daran, ab und zu mal einen Joint mit Freunden oder alleine zu rauchen, jedoch möchte ich dazu sagen, dass der Konsum wirklich selten stattfinden sollte, denn Marihuana kann teilweise auch psychische Abhängigkeiten verursachen und bei Dauerkonsum zu Effekten wie Motivationslosigkeit und Lustlosigkeit führen.

Anders ist es bei Substanzen wie magischen Pilzen, magischen Trüffeln, DMT, LSD und so weiter. Die teilweise unterschiedlichen Wirkstoffe verursachen im Endeffekt alle relativ ähnliche Ergebnisse - der Konsument nimmt die Realität anders war. Manche Konsumenten beschreiben den Zustand, als wäre man in einer anderen Realität bzw. Dimension. Man hat Halluzinationen, sowohl auditiv als auch visuell, ein erhöhtes Glücksgefühl und erfährt in den meisten Fällen eine angeregte Kreativität, was Denkanreize geben kann und den Konsumenten die Welt „mit anderen Augen" sehen lässt.
Wenn man mich fragt, wie ich zu dieser Art von Droge stehe, würde ich wohl antworten, dass sie sehr wohl eine Daseinsberechtigung haben, da sie ja schon seit tausenden von Jahren (jedenfalls die natürlich vorkommenden) von vielen Urvölkern zur Heilung und Selbstfindung eingesetzt werden.

Wie man mit Drogen umgeht, ist aber jedem selbst überlassen. Als erfolgreicher Mensch muss man sich aber in der Realität aufhalten und kann es sich nicht leisten, ständig zu gedröhnt oder gar drogenabhängig zu sein.

Aus diesem Grund wäre mein Rat bezüglich Drogen, und zwar bezüglich allen Drogen, das gilt ebenfalls oder vor allem für die eher harmlosen wirkenden wie Zigaretten und Alkohol, dass es die bessere Entscheidung wäre, langfristig ganz auf Drogen zu verzichten.

Nun kennst du die Faktoren, die euch daran hindern, eure Ziele zu erreichen.

Eure Aufgabe ist es nun, herauszufinden, welche Faktoren euch spezifisch daran hindern, im Leben weiterzukommen und diese zu eliminieren.

Weitere, wichtige Kriterien, die ausschlaggebend sein können, ob ihr eure Ziele erreicht oder nicht, sind, wie ihr persönlich mit der Meinung anderer umgeht, ob ihr Kritik annehmen könnt, wie ihr mit Tipps und Ratschlägen umgeht und ob ihr Eigenverantwortung übernehmen könnt.

Über diese Themen schreibe ich in den nächsten zwei Kapiteln.

Scheiß auf die Meinung anderer!

Eines meiner Lieblingsthemen, da ich in der Vergangenheit selbst Probleme damit hatte, meine Meinung öffentlich zu vertreten. Zudem hatte ich ständig Angst, da ich nie wusste, wie andere Menschen mich sehen, was sie von mir denken, wie sie über mich reden, ob sie mich mögen oder nicht,... Eben all diese komplett irrelevanten Dinge, über die man sich den Kopf wirklich nicht zerbrechen sollte.

Der wichtige, erste Schritt in die richtige Richtung ist es, sich in erste Linie auf sich selbst zu konzentrieren. Habt ein klares Bild von euch selbst und seid euch diesem Bild auch bewusst. Wenn ihr zum Beispiel recht zufrieden mit eurem Aussehen seid, sollte es euch nicht wahnsinnig aus dem Konzept werfen, wenn jemand euer Outfit kritisiert. Außer die Kritik kommt von Karl Lagerfeld persönlich. Wenn aber nicht, und das wird vermutlich öfters der Fall sein, solltet ihr die erhaltene Kritik akzeptieren, ignorieren und euer Leben so weiterleben wie zuvor. Und diese Einstellung solltet ihr auf alle Bereiche eures Lebens übertragen.

Es gibt nur eine einzige Art von Menschen, deren Meinung wirklich zählen sollte. Dabei handelt es sich um die Menschen, die euch wirklich mögen und immer nur das Beste für euch wollen, deren Meinung zählt. Alle anderen Meinungen sollten euch absolut egal sein. Denn sind wir mal ehrlich, inwiefern hat es Einfluss auf den Verlauf deines Lebens, ob eine Gruppe von Leuten, die du eigentlich weder kennst noch magst, gut oder schlecht über dich redet?
Das einzige was zählt, ist, dass du immer auf deine Ziele fokussiert bleibst und sie dir von niemandem ausreden lassen solltest, nicht einmal von deinen Eltern.

Mit dem Thema Ratschlägen verhält es sich ähnlich, wobei es bei Ratschlägen zu noch gefährlicheren Situationen kommen kann, als bei herkömmlicher Kritik.

Der Mensch denkt oft, dass er anderen Menschen unterlegen ist und dass das Gegenüber vieles besser weiß, was der Grund dafür ist, warum Leute immer heiß auf Ratschläge und Geheimtipps sind. Besonders gefährlich wird es, wenn bei diesen Tipps dann noch das Thema Geldanlegung ins Spiel kommt. Dazu aber später mehr.

Mit dem will ich jedoch nicht sagen, dass du Kritik und Ratschläge nicht zu deinem Vorteil nutzen kannst, im Gegenteil, Kritik ist mehr wert als Lob und auch Ratschläge können gut verwertbar sein.

Erfolgreiche Menschen fühlen sich durch Kritik nicht angegriffen und versuchen sich auch nicht, dagegen zu wehren, sondern analysieren sie sachlich und entscheiden basierend auf Fakten, ob sie die Kritik ernst nehmen oder ignorieren. Dasselbe geschieht im Umgang mit Ratschlägen.

Erfolgreiche Menschen gehen mit dem Thema Kritik folgendermaßen um:

1.) Den Ursprung des Ratschlages / der Kritik hinterfragen

Als erstes solltet ihr euch folgende Fragen stellen:

- Woher kommt die Kritik?
- Wer ist die Person, die Kritik äußert bzw. Ratschläge gibt?
- Mögt ihr diese Person?
- Weiß die Person von was sie spricht?
- Warum wird die Kritik überhaupt geäußert?
- Was sind die Hintergedanken?
- Hat die Meinung dieser Person einen Wert für euch?

Das sind die Fragen, die ihr euch stellen solltet, bevor ihr überhaupt darüber nachdenkt, einen Ratschlag bzw. Kritik anzunehmen.
Sollten die Antworten auf die Fragen nicht positiv ausfallen, müsst ihr euch gar nicht erst die Mühe machen, den Ratschlag bzw. die Kritik zu analysieren.

2.) Analyse des Ratschlages / der Kritik

Im zweiten Schritt solltet ihr euch die gegebene Äußerung genau anschauen und die sachliche Information genauestens analysieren.
Diese Information vergleicht ihr mit eurem eigenem Wissen.
Sollten die gegebenen Informationen eurer Vorstellung nach völlig falsch sein, solltet ihr sie auf keinen Fall ernst nehmen und somit ist dann an diesem Punkt hier Schluss.
Gibt es allerdings auf rein logischer Ebene keine Einwände bzgl. dem Ratschlag / der Kritik, müsst ihr wohl weiteranalysieren.

3.) Adaptieren des Ratschlages / der Kritik

Jeder Mensch ist anders, was bedeutet, dass wenn etwas bei Person A funktioniert, das nicht auch zwingend bei Person B funktionieren muss. Deswegen ist es wichtig, sich die Ratschläge oder Kritiken, welche die ersten beiden Schritte überstanden haben, nochmal anzusehen und zu überlegen, ob man sie 1 zu 1 für sich selbst übernehmen kann oder ob man möglicherweise Dinge daran ändern muss um sie für einen passend zu machen.

4.) Anwenden des Ratschlages / der Kritik

Nachdem du nun alle Vorkehrungen getroffen hast und wie ein erfolgreich denkender Mensch den Ratschlag / die Kritik aufgenommen hast, kannst du nun (fast) risikofrei und mit gutem Gewissen den gegebenen Ratschlag bzw. die Kritik anwenden.

5.) Das Resultat

Es kann natürlich sein, dass das Ergebnis, trotz den Erfüllungen der obigen Kriterien, nicht wie gewünscht ist. So kann es zum Beispiel sein, dass ein guter Freund von euch, der seit vielen Jahren Friseur ist und schon viele Promis usw. gestylt hat, euch empfiehlt eure Haare ganz kurz abzuschneiden, da das gerade im Trend ist und er denkt, dass es euch gut stehen wird. Also folgt ihr seinem Rat und lässt sie euch von ihm schneiden. Das Ergebnis? Ihr seid unglücklich.

Euer Freund wird sagen, dass er es toll findet, da er sich nie eingestehen würde, dass er sich getäuscht hat, allerdings steht ihr nun mit einer schlechten Frisur da und nicht er.

Es kann natürlich auch das Gegenteil eintreten und die Frisur steht euch tatsächlich hervorragend, nur kann man das im Vorfeld relativ schlecht einschätzen.

Die Meisten sind einfach blind

Zum Schluss dieses Themas möchte ich euch noch ein paar Anekdoten aus meinem Leben erzählen.

Als ich begonnen habe, mit 16 mein Geld in Aktien anzulegen, statt es für Alkohol oder Drogen auszugeben, wurde ich von allen Seiten blöd angeredet. Sie fragten mich, was ich meine wer ich sei und dass ich ja nicht denken soll, dass ich etwas Besseres bin.

Klar, es war nicht gerade angenehm aber nichtsdestotrotz, es ließ mich kalt. Ich wusste nämlich, dass diese Menschen niemals in der Lage sein werden, über den Tellerrand hinauszublicken, denn sie fühlten sich ja schon bei der kleinsten Abänderung ihrer eigenen Realität angegriffen und beleidigt, anstatt offen für neue Denkweisen zu sein.

Diese Art von Menschen tut mir leid, denn sie werden ihr Leben damit verbringen, Tag für Tag dieselben langweiligen Dinge zu tun und nicht einmal erkennen, dass es eine Welt außerhalb ihrer eigenen gibt. Sie werden nie die Freude empfinden, neue Dinge zu erschaffen, kreativ zu sein, zu forschen, Dinge auszuprobieren, usw.

Abschließend möchte ich euch noch sagen, dass ihr auf eurem Weg zum Erfolg oft auf Menschen treffen werdet, die so wirken, als hätten sie den totalen Durchblick im Leben und wüssten alles. Da sich diese Menschen einbilden, zu wissen, was im Leben realisierbar ist und was nicht, bezeichnen sie sich selbst meistens als „Realisten" und haben eine Vorliebe dafür, ihr Umfeld grundlos zu kritisieren, unter dem Vorwand, dass sie schließlich wissen, was im Leben realistisch ist und was nicht. In Wirklichkeit sind diese Menschen pessimistische Vollidioten, die ihren eigenen Nichtsnutz auf euch übertragen wollen und euch nur ihre eigenen Grenzen aufzeigen.

Was sie tun, ist Negativität zu verbreiten und diese sollte man als erfolgreicher Mensch aus seinem Leben verbannen, denn Negativität zieht Negativität an, was wiederum noch mehr Negativität anzieht.

Ihr solltet deshalb auf keinen Fall mit diesen Menschen interagieren und sie am besten komplett aus eurem Leben verbannen, denn wie bereits Konfuzius gesagt hat „Wer unsere Träume stiehlt, gibt uns den Tod."

Selber schuld!
(Eigenverantwortung)

Wie der Titel schon sagt, geht es in diesem Kapitel um die Eigenverantwortung und die damit verbundenen Freiheiten, wie auch Verpflichtungen. Bei Eigenverantwortung geht es aber nicht nur um das eigene Handeln bzw. die Verantwortung für sich selbst, es geht auch darum, Verantwortung für Dinge, die in eurem direkten Umfeld geschehen, zu übernehmen. Das heißt, dass wir damit aufhören müssen, immer die Fehler bei anderen zu suchen, und endlich damit beginnen sollten, zu verstehen, dass wir unser eigenes Scheitern, nicht auf andere schieben können. Ihr müsst damit aufhören, eure Misserfolge auf Andere zu schieben!

Denn nur wer Verantwortung übernommen hat, kann erfolgreich werden.

Hier ein paar Tipps, wie euch das besser gelingt:

In den Tag leben

Jeder von uns hat manchmal Tage, an denen er müde und antriebslos ist.

Es ist völlig in Ordnung, an solchen Tagen mal einfach nichts Produktives zu machen, im Bett liegen zu bleiben und den ganzen Tag Serien auf Netflix zu schauen.

Es geht jedoch nicht in Ordnung, wenn man jeden Tag aufwacht, ohne einen Plan zu haben und einfach in den Tag rein lebt.

Wir alle sollten Ziele haben, die uns jeden Tag aufs Neue dazu zwingen, aufzustehen und zu dafür zu arbeiten.

Eine der vielen Grundregeln auf dem Weg zum Erfolg ist folgende: Wer immer das Nötigste tut, verharrt auf der immer selben Stelle. Wer jedoch nichts tut, macht jeden Tag ein paar Schritte zurück. Beim langsamen Rückwärtsgehen stolpert man dann irgendwann und fällt in ein tiefes Loch aus Depressionen, Aktivitätslosigkeit und, am schlimmsten, Respektlosigkeit sich selbst gegenüber.

Also, wenn ihr das nächste Mal am Morgen im Bett liegt und euch überlegt, ob ihr aufstehen sollt oder einfach nur liegenbleiben, trefft ihr hoffentlich die richtige Entscheidung.

Denn es gilt: „Either you run the day, or the day runs you", was so viel heißt wie, „Entweder du entscheidest über den Tag oder der Tag entscheidet über dich".

Zu deiner Meinung stehen

Das wichtigste Gut, das wir jungen, aufgeklärten Menschen besitzen, ist die Gabe, logisch zu denken um unsere eigene Meinung bilden zu können. Aus diesem Grund ist es von extremer Wichtigkeit, uns jederzeit für unsere Meinung und Ideologien einzusetzen. Die meisten von euch werden dies hoffentlich bereits praktizieren, aber für diejenigen unter euch, die sich von anderen Menschen eine Meinung aufzwingen lassen und weder die Lust noch Energie haben, ihre eigene zu vertreten, denen rate ich schleunigst damit anzufangen. Denn wie wir bereits wissen, agiert niemand anderes in eurem Interesse, denn jeder versucht, sich seinen eigenen Vorteil zu sichern.

Was dazu kommt, ist der Fakt, dass wenn ihr nicht die Courage habt, zu eurer Meinung zu stehen und diese zu verteidigen, egal in welcher Situation, ihr auch niemals eure Ziele erreichen werdet, denn wie wir wissen wird es immer negativ denkende Personen geben, die versuchen werden, euch jeden letzten Tropfen Selbstachtung und Mut zu entziehen.

Wie man richtig verhandelt und seine Meinung vertritt, erkläre ich euch in dem Kapitel „Wie denken erfolgreiche Menschen?".

Entscheidungen treffen

Ich bin mir sicher, dass keiner von uns am Morgen aufsteht und sagt „Ich freue mich heute auf einen anstrengenden Tag, voller Arbeit und harter Entscheidungen.", doch das sollten wir eigentlich.
Okay vielleicht nicht den Part mit der harten Arbeit, viel eher den Part mit den harten Entscheidungen.
Warum dies so spannend ist und warum es extrem wichtig ist, die Kompetenz zu besitzen, Entscheidungen zu treffen, werde ich euch jetzt erklären:

1.) Emotionen:

Emotionen sind der erste wichtige Aspekt, der bzgl. Entscheidungen treffen zu beachten ist.
Emotionen spielen in der Entscheidungstreffung „normaler" Menschen eine große Rolle. Sie lassen sich von ihren Emotionen leiten und in vielen Fällen sogar so stark blenden, dass sie eine komplett falsche Auffassung der Realität haben. Emotionen sind jedoch nicht bei allen Entscheidungen unwichtig, wie z.B. bei Entscheidungen bezüglich des Lebenspartners, zur Auswahl von Geburtstagsgeschenken, usw.
Die Emotionen, von denen ich nun spreche, sind die, die bei wichtigen Entscheidungen eine Rolle spielen. Diese wichtigen Entscheidungen sind z.B. wie, ob und mit wie viel Risiko ich mein Geld investieren soll, ob ich statt Zeit mit studieren verbringen doch lieber anfangen sollte zu arbeiten oder ob ich mich trauen soll, ein eigenes Business aufzubauen, usw.
Bei Entscheidungen wie diesen ist es wichtig, festzustellen, was für Emotionen wir verspüren (z.B. Angst, Verwirrung, ...), und diese dann aus dem Kopf zu verbannen und nur basierend auf Fakten zu entscheiden.
Wie man dies macht erkläre ich nun.

2.) Die Fakten:

Fakten sind immer eine sehr komplexe Sache. Man kann nie alle Fakten berücksichtigen, da man sie schlichtweg gar nicht alle kennt.

Wie ich das meine: Angenommen wir wollen eine Wohnung in einer Großstadt als Geldanlage kaufen. Wir haben schon viele verschiedene Fakten zusammengetragen, die uns bei der Kaufentscheidung helfen könnten, wie z.B. die momentanen Immobilienpreise, die Wirtschaftslage, die Kosten und den Zustand der Wohnung,...

Bei diesen verschiedenen Entscheidungshelfern handelt es sich um klar ersichtliche Fakten, die jeder so in dieser Form zusammentragen könnte, sie liegen auf der Hand.

Auf der anderen Seite gibt es dann eben noch jene Fakten, die zwar als solche bezeichnet werden, allerdings nie wirklich klar sind. Um ein Beispiel zu nennen – Macht die Wohnung ein gutes Bild bzgl. ihrer Lage? Liegt sie in einem aufstrebenden Luxusviertel? Dann natürlich sofort kaufen. Liegt sie aber vielleicht doch eher in einem bekannten Sozialviertel, in dem viel Kriminalität herrscht und Sachbeschädigung im umliegenden Gebiet an der Tagesordnung steht? In diesem Falle sollten wir die Kaufentscheidung nochmal überdenken. So, woher können wir aber nun wirklich wissen, ob das aufstrebende Luxusviertel wirklich aufstrebend ist und ob das Sozialviertel nicht bald einem Gentrifizierungprozess unterzogen wird? Dabei sind wir von unserer eigenen Einschätzung abhängig.

Deswegen ist es wichtig, sich beim Sammeln von sachlichen Fakten Zeit zu lassen und wirklich alle relevanten Kriterien zu kennen, um sie dann anschließend in den Entscheidungsprozesses miteinbauen zu können.

3.) Pro und Contra

Da man, wie mir sehr wohl bewusst ist, nicht alle Entscheidungen durch einfache Ansammlung von Fakten treffen kann, gibt es viele Methoden und Techniken, wie man Entscheidungen illustrieren kann, um die Entscheidungsfindung zu vereinfachen. Die Methode, die den meisten von euch bereits bekannt ist, ist die Pro und Kontra Methode.

Da viele diese Methodik trotzdem falsch verwenden, erkläre ich sie euch noch einmal kurz.

Wenn man an die Pro und Kontra Methode denkt, denkt man an einen Zettel, auf dem links „Pro" und rechts „Kontra" steht und in der Mitte ist der Zettel durch einen Strich geteilt. Nun trägt man alle „Pros" und „Kontras" ein und voila man kann durch abzählen der einzelnen Punkte jeder Spalte seine Entscheidung treffen. So einfach ist das aber nicht. Nicht jedes Pro Argument ist gleich viel wert wie jedes andere, sowie auch nicht jedes Kontra Argument immer anders viel zählt. Deswegen geht die richtige Variante folgendermaßen.

Man macht, wie gewohnt, die zwei Spalten mit Pro und Kontra.

Nun Schreibt man alle Pro und Kontra Argumente in die Spalten.

Bis jetzt, alles wie gewohnt, nun kommt der Twist.

Ihr müsst nun alle Argumente, sowohl Pro als auch Kontra von 1-5 bewerten, wobei 1 ein unwichtiges Argument und 5 ein Wichtiges ist. Worauf ihr achten solltet, ist, dass ihr bei der Bewertung von beiden Spalten gleich fair seid, darum sollte ein mit 3 bewertetes Pro Argument nicht wichtiger sein als ein mit 4 bewertetes Kontra Argument, sondern nur so wichtig wie ein ebenfalls mit 3 bewertetes Kontra Argument.

Wenn ihr dies getan habt, zieht ihr unter allen Argumenten einen Strich und rechnet alles zusammen. Die Spalte mit dem höheren Endergebnis, hat dieses „Spiel" gewonnen.

Ich sage mit Absicht „dieses Spiel", da man eine Entscheidung nicht einfach nur aufgrund einer Pro und Kontra Liste treffen kann, sondern man kann diese Methode lediglich zur Unterstützung nutzen.

4.) Entscheidungen in Stresssituationen

Entscheidungen, die man in Stresssituationen treffen muss, sind meiner Meinung nach die schwersten, da man minimal bis gar keine Zeit hat, die Fakten auszuwerten.
Deswegen kann ich euch bei Entscheidungen wie diesen auch nicht wirklich viele Tipps zur Bewältigung geben. Es gibt auch keine Möglichkeit, sich konkret die Fähigkeit anzueignen, in Stresssituationen bessere Entscheidungen zu treffen, da jede Entscheidung seine individuellen Aspekte mit sich bringt. Man kann jedoch sagen, dass Menschen, die selbstbewusst Entscheidungen treffen und Erfahrung in dem Bereich Entscheidungstreffung haben, in der Regel besser mit solchen Stresssituationen umgehen. Dies liegt aber nicht wirklich daran, dass sie die Gabe haben, übermenschlich schnell zu denken und zu analysieren, sondern ganz simpel an der Tatsache, dass diese Menschen sich im vollen Bewusstsein ihres Umfeldes sind, Selbstbewusstsein haben und vor allem die Kraft besitzen, die volle Verantwortung für ihre Entscheidungen zu übernehmen – was mich direkt zum letzten Punkten führt.

5.) Verantwortung für Entscheidungen übernehmen

Wie wir ja wissen, ist es wichtig, für alles, was man tut bzw. nicht tut, die volle Verantwortung zu übernehmen. Ohne diese Eigenschaft ist es unmöglich, ein selbstbestimmtes und erfolgreiches Leben zu führen.

Aus diesem Grund ist es auch bei der Entscheidungstreffung wichtig, für die Entscheidungen, die man trifft, die Verantwortung zu übernehmen und dann in Folge auch mit möglichen Konsequenzen umgehen zu können.

Ebenfalls ist es wichtig seine Entscheidungen selbst zu treffen und nicht jemanden zu bitten, die Entscheidung für einen zu treffen, denn das ist wieder ein Versuch, die Verantwortung von sich zu weisen und jemand anderen verantwortlich zu machen.

Ihr könnt mir glauben, dass nichts frustrierender ist, als aufgrund einer Fehlentscheidung einer anderen Person falsch zu liegen, da man mit den Konsequenzen schlicht und einfach selber zu leben hat.

So, das war es mit dem ersten Teil dieses Buches, in dem ich viele theoretische Themen besprochen und teilweise viel philosophiert habe. Im zweiten Teil gebe ich euch Einblicke in unser Wirtschafts-, Steuer-, Banken und Versicherungssystem, erklären euch, wie erfolgreiche Menschen denken, wie ihr richtig verhandelt, wie ihr eure Finanzen handhaben solltet und vieles mehr.

Teil 2:

Wie funktioniert die Welt?

Wir lernen, wie sich Frösche fortpflanzen, wie Berge entstehen, wie man das Volumen der Sonne berechnet und wie man Gedichte schreibt. Doch wir lernen nichts über die Informationen, die wir benötigen, um ein eigenständiges Leben als Erwachsener zu führen. Es ist nahezu verantwortungslos, junge Menschen, wie wir es sind, so zu hintergehen und dermaßen im Dunkeln tappen zu lassen. Unser Schulsystem agiert in diesem Punkt schlicht und einfach fahrlässig.

In den nächsten Unterpunkten möchte ich folgende **Grundlagen** erklären:

- Wie das momentane Wirtschaftssystem funktioniert
- Wie Banken funktionieren
- Was Steuern sind
- Wie ihr euch beim Zahlen von Steuern nicht selbst austrickst
- Wie Versicherungen funktionieren
- Wie ihr euch versichert
- Was Privatversicherungen sind

Ich sage ganz explizit „Grundlagen", da ich dieses Buch simpel halten möchte und es euch lediglich zeigen soll, was es alles zu beachten gibt.
Nichtsdestotrotz werden die ein oder anderen angesprochenen Punkte eventuell für manche Leser kompliziert sein. Es würde sich also anbieten, sich Notizen zu machen um es erstens besser zu verstehen und zweitens, um das Buch nicht jedes Mal wieder zur Hand nehmen zu müssen, denn bei diesem Buch handelt es

sich ganz klar um kein „Nachschlagewerk". (Was natürlich nicht heißt, dass ihr das Buch nicht ein zweites Mal lesen dürft, um es komplett zu verinnerlichen, sondern, dass es wesentlich bessere Nachschlagewerke zu all diesen Themen gibt, in denen viel mehr ins Detail gegangen wird und jeder Winkel eines Themas durchleuchtet wird.)

Wie funktioniert die Wirtschaft?

Die Wirtschaft ist ein sehr komplexes Thema, über das es hunderte oder sogar tausende Bücher gibt. Leute verbringen ihr ganzes Leben damit, die Wirtschaft, alle Zusammenhänge und Verzweigungen der Wirtschaft, zu studieren und zu erforschen und dennoch wissen diese Wirtschaftskenner sehr wohl, dass sie immer noch nicht alles wissen und auch nicht alles wissen können.

Ich vergleiche die Wirtschaftsforschung gern mit der Astrophysik (Physiker, die sich mit den Grundlagen des Universums beschäftigen).

„Was hat Astrophysik mit der Wirtschaft zu tun?", werden sich nun einige wundern.

Die Antwort darauf ist simpel. Die Wirtschaftsforscher, gleich wie die Astrophysiker, haben ein riesiges Wissen darüber, aus welchen Bestandteilen die Wirtschaft, bzw. Sterne oder Ähnliches besteht. Es gibt Bücher mit mehreren tausend Seiten, mit Theorien über die Entstehung des Universums und all dem, was sich darin befindet. Genauso wie es Bücher mit tausenden von Seiten über die Wirtschaft gibt, mit Theorien wie diese funktionieren könnte.

Was diese beiden Forschergruppen nun verbindet, ist nicht deren Wissen, über ihre jeweiligen Fachgebiete, sondern ihre Unwissenheit. Was ich damit meine, ist, dass egal wie viel diese Forscher zu wissen scheinen, sie niemals auf eine konkrete Antwort stoßen werden. Sie werden zwar ihr Wissen ausbauen, aber es wird ihnen niemals gelingen, vollends zu erklären, wie ihr jeweiliges Fachgebiet funktioniert.

Deswegen werde ich auch gar nicht erst versuchen, euch zu erklären, wie die Wirtschaft funktioniert, da ich es selbst nicht weiß. Was ich jedoch weiß, ist, wie diese Wirtschaftsforscher denken, wie die Wirtschaft funktioniert und von diesen anerkannten Theorien werde ich euch nun die Grundlagen erklären. (Wer sich nun übrigens für Astrophysik interessiert, dem empfehle ich das Buch „der große Entwurf" von Stephen Hawkings.)

Ich werde ganz am Anfang beginnen.

Um in den folgenden Unterkapiteln gewisse wirtschaftliche Vorgänge zu veranschaulichen, werden wir uns eine mittelalterliche Stadt vorstellen, in der noch mit Goldmünzen gehandelt und bezahlt wird.

1.) Das Prinzip von Geld und Gütern

Früher gab es noch keine wirklichen Zahlungsmittel, weswegen der einzige Handel über Tauschgeschäfte vollzogen wurden konnte. Es wurden z.B. zehn Hühner gegen ein Schaf getauscht oder fünf Schafe gegen eine Kuh.

Dies funktionierte jedoch nur in sehr kleinem Rahmen und als sich nach und nach größere Städte gebildet haben, war klar, dass eine andere Möglichkeit des Handels nötig war und so hat man begonnen Gold und ähnliche Edelmetalle als Zahlungsmittel einzusetzen, um den Handel flexibler und einfacher zu machen. Man musste nun nicht mehr mit zehn Hühnern auf den Markt gehen, um sich ein Schaf kaufen zu können, sondern nur noch eine Goldmünze haben, die in die Hosentasche passt.

Das ist das Prinzip von Gütern und Geld. Das heißt, es gibt gewisse Güter, die auf dem Markt vorhanden sind, und für diese kann man Geld tauschen, um sie zu erhalten.

Dieses Prinzip konnte jedoch nur funktionieren, wenn es fixe Preise gab, und so war z.B. der Gegenwert zu einer Goldmünze ein Schaf.

So bekam eine Goldmünze, von der man nicht seine Familie ernähren konnte, einen gewissen Wert.

Wir lernen daraus, dass Geld lediglich ein Mittel zum Zweck ist und im Grunde keinen Eigenwert hat. Deshalb sollte man immer den Wert des Geldes vor Augen haben und nicht den Geldbetrag.

2.) Das Prinzip der Inflation

Das ist eines der grundlegenden Prinzipien der Wirtschaft.

Das Geld ist nur so viel wert wie sein Gegenwert – gibt es allerdings zu viel vom einen, kommt es zur Entwertung des anderen. Das heißt, wenn es in unserer Stadt auf einen Schlag anstatt 1.000 Goldmünzen 10.000 gibt, wird ein Schaf auf einmal nicht mehr eine Goldmünze kosten sondern zehn.

Das ist das Prinzip der Inflation. Desto mehr Geld im Umlauf ist, umso weniger ist es wert. Denn nur weil auf einmal jeder im Besitz von Goldmünzen ist, heißt das nicht, dass sich plötzlich jeder so viele Schafe kaufen kann, wie er will, denn so viele Schafe gibt es nicht. Deswegen haben die Leute relativ früh verstanden, dass Geld einem ständigen Wertänderungsprozess unterworfen ist. Ist mehr Geld im Umlauf, wird es weniger wert. Ist wenig Geld im Umlauf, ist es mehr wert. Der wahre Wert des Geldes liegt jedoch immer noch bei den Gütern.

3.) Das Prinzip von Angebot und Nachfrage

Als in unserem Mittelalterdorf genau in der Erntesaison ein wilder Sturm wütet, der fast die gesamte Ernte zerstört, gibt es auf einmal nur mehr sehr wenig Weizen und Gemüse. Das hat natürlich jeder mitbekommen, weswegen die Einwohner so schnell wie möglich zum Markt eilen, um sich einen Anteil zu kaufen. Doch als sie dort ankommen, sehen sie, dass Weizen nun fast drei Mal so teuer ist, wie letzte Erntesaison. Das Gemüse genauso. Natürlich waren sie aufgebracht und fragten den Bauern, warum er die Preise so stark gehoben hat. Daraufhin erklärt der Bauer ihnen, dass er dieses Jahr nur ein Drittel der üblichen Ernte hat und dass er deswegen einen höheren Preis verlangen muss, da er sonst nicht genug Geld bekäme, um sich und seine Familie zu versorgen. Was der Bauer natürlich auch weiß, aber den Bürgern nicht sagt, ist, dass die Bürger vom Weizen und dem Gemüse abhängig sind und deswegen kann er jeden Preis verlangen, den er möchte und die Bürger sind gezwungen, ihn zu bezahlen. Das heißt, dass wenn die Nachfrage steigt, automatisch auch der Güterpreis steigt.

Das ganze kann natürlich auch umgekehrt laufen. Es kann sein, dass in einer Saison so viel Weizen wie noch nie wächst. Die Bauern besitzen dann viel mehr Nahrungsmittel, als die Bürger jemals brauchen werden. Deshalb herrscht nun ein Kampf unter den Bauern, denn jeder von ihnen will seine Ernteerträge an den Mann bringen.

Die Bürger wissen natürlich, dass die Ernte mehr als zufriedenstellend war und können frei wählen, wo sie kaufen wollen. Aufgrund dessen müssen die Bauern mit den Preisen runter gehen. Der Weizen wird aufgrund eines Überangebots billiger.

Das ist das Prinzip von Angebot und Nachfrage. Wenn das Angebot steigt, sinken der Preis und die Nachfrage und im Gegenteil dazu steigen der Preis und die Nachfrage, wenn das Angebot sinkt.

4.) Import und Export

Da es nun in der Saison, in der es sehr wenig Ernte gab, nicht für alle genug zu essen gibt, entscheidet der König, Seemänner loszuschicken, um von anderen Ländern bzw. Kontinenten Weizen zu besorgen.
Das gleiche geschieht in dem Jahr, in dem viel zu viel Weizen vorhanden war. Es wurden ebenso Seemänner losgeschickt, um den überschüssigen Weizen in anderen Ländern bzw. Kontinenten zu verkaufen.
Das waren die ersten Schritte des internationalen Handels.

Da wir nun einige der wichtigsten wirtschaftlichen Vorgänge verstehen und eine grobe Vorstellung davon haben, wie die Wirtschaft funktioniert, können wir nun in die Wirklichkeit zurückkehren und uns überlegen, wie diese Prinzipien auf die Realität übertragbar sind. Davor brauchen wir jedoch Wissen darüber, woraus unsere heutige Wirtschaft besteht, also welche Unternehmensarten es gibt, wie die Börse funktioniert und was Aktien sind. Dazu werde ich euch auch die wichtigsten Grundbegriffe erklären, die man benötigt, um sich mit dieser Thematik auseinanderzusetzen.

Aktien:

Die meisten von euch wissen bestimmt schon, was Aktien sind und wie sie gehandhabt werden. Ich möchte jedoch für jene unter euch, die nichts von all dem verstehen bzw. sich noch nie damit auseinandergesetzt haben, von null beginnen.
Wenn ein Unternehmen gut läuft, einen stabilen Umsatz erzielt und wirtschaftlich funktioniert, dann möchte es expandieren,

(expandieren bedeutet ausbauen, erweitern oder wachsen) und um dies zu erreichen braucht es Kapital. Kapital ist Geld und Kapital wird eingeteilt in Eigenkapital und Fremdkapital. In den meisten Fällen reicht das Eigenkapital nicht aus, um die Ressourcen (Ressourcen können alles sein; von Rohmaterial bis hin zu Maschinen oder Mitarbeitern), die zum Expandieren nötig sind, aufzubringen.

Deshalb überlegt sich das Unternehmen, Teile des Unternehmens an Investoren zu verkaufen, um Geld zur Vergrößerung des Unternehmens zu haben. Die Aktionäre bekommen im Gegenzug dafür dann eine Gewinnbeteiligung. (Aktionäre sind Menschen, die Aktien eines Unternehmens besitzen).

Dieser Unternehmensgewinn wird in Form einer Rendite ausgeschüttet. Eine Rendite ist eine Prozentangabe (ähnlich wie Zinsen), die man abhängig von seinem investierten Geld (gemessen an der Anzahl der Aktien) bekommt.

Das heißt, wenn ein Unternehmen z.B. eine Aktie um 25€ verkauft und die Rendite 10% beträgt, so bekommt der Aktionär entweder jährlich, halbjährlich oder quartalsmäßig (quartalsmäßig bedeutet 4 Mal im Jahr) 2,50€ an Rendite ausbezahlt. Wenn ein Aktionär z.B. Aktien im Wert von 25.000€ besitzt, also 1.000 Aktien, würde er bei einer Rendite von 10% 2.500€ ausbezahlt bekommen.

Der Aktionär profitiert aber nicht nur von der Rendite, sondern auch vom Aktienpreis selbst. Wenn z.B. ein Unternehmen, das Aktien für 25€ pro Stück ausgibt, ein halbes Jahr später große Erfolge feiert und somit stark wächst, kann es sein, dass eine Aktie nicht mehr 25€ kostet, sondern 50€, was natürlich bedeutet, dass die Aktien, die für 25€ gekauft worden waren nun das Doppelte wert sind. Das ganze kann natürlich auch in die andere Richtung laufen und Aktien, die vorher 25€ wert waren, können plötzlich nur noch 10€ wert sein. Wie viel eine Aktie wert ist, hängt allerdings von vielen verschiedenen Faktoren ab. Es kann den Aktienwert schon positiv oder negativ beeinflussen, wenn ein sogenannter „Wirtschaftsexperte" seine Meinung zu einem Unternehmen äußert.

Wie man sein Geld in Aktien investieren kann, welche Faktoren man beachten und welche Vorkehrungen man treffen muss, erkläre ich im Kapitel „deine Finanzen".

Staatsanleihen:

Staatsanleihen haben zwar nicht direkt etwas mit Privatunternehmen zu tun, trotzdem ist es für die wirtschaftliche und auch allgemeine Bildung eines jeden wichtig zu wissen, was Staatsanleihen sind.

Wenn ein Land wie z.B. Griechenland eine schwere wirtschaftliche Phase durchlebt, hat es die Möglichkeit, Besitztümer wie z.B. Grundstücke oder Ähnliches in Form von Staatsanleihen an Großinvestoren, Banken oder andere Länder, aber auch kleinen Privatinvestoren zu verkaufen, um Kapital zur Verfügung zu haben. Natürlich werden diese Staatsanleihen vom Land wieder zurückgekauft, jedoch mit einem gewissen Zuschlag, den die Gläubiger fordern. (Gläubiger sind Personen, Unternehmen, Banken, usw. die zu gewissen Konditionen Kapital zur Verfügung stellen bzw. Kapital „leihen")

Im Idealfall wird dieses von den Gläubigern zur Verfügung gestellte Kapital für den Wiederaufbau der wirtschaftlichen Infrastruktur genutzt. Im Fall Griechenland wurde das Geld jedoch zur Sicherung des Wohlstandes genutzt, was schlussendlich dazu führte, dass Griechenland noch mehr Staatsanleihen zu noch schlechteren Konditionen verkaufen musste, bis sie schlussendlich pleite waren.

Rohstoffe:

Wie bereits zuvor erwähnt, sind Güter und Rohstoffe am Ende des Tages die realen Werte.

Und wie ebenfalls bereits erwähnt, gibt es heutzutage auch schlechte Ernten, hervorgerufen durch Stürme, Kälte, Schädlingsbefall und eventuell auch den Klimawandel, weswegen es bei Rohstoffen ebenfalls zu großen Preisschwankungen kommen kann. Melden z.B. die Wetterspezialisten extreme Stürme in der Gegend von Plantagen eines großen Kaffeeherstellers, wird sich dies auf den Preis, der auf dem Weltmarkt für Kaffee verlangt wird, preissteigernd auswirken. Genauso wird sich es auf den Ölpreis auswirken, wenn eine Ölplattform von einem großen Ölproduzenten in die Luft geht, und mehrere Millionen Barrel (Fässer) Öl futsch sind.

Die Börse:

Wie wir nun wissen, gibt es verschiedene Werte, die an der Börse notiert sind. Diese Werte können Unternehmen, Rohstoffe, Staatsanleihen oder aber auch Länderindizes sein. (Länderindizes sind Werte, die sich aus der Performance der größten an der Börse notierten Unternehmen des jeweiligen Landes zusammensetzen. Als Beispiel: DAX 30 = Deutscher Aktien Index der 30 größten Unternehmen - die Unternehmensgröße wird an der Marktkapitalisierung gemessen)

Da der Preis dieser Werte von Faktoren wie z.B. Angebot und Nachfrage abhängt, ist es nur logisch, dass die Preise bzw. der aktuelle Geldgegenwert dieser Werte schwankt.

Um Unternehmen, Investoren und allen anderen Leuten, die Möglichkeit zu geben, Werte zu kaufen bzw. zu verkaufen, wurde die Börse gegründet. Hier können alle Beteiligten rund um den Globus alle Transaktionen tätigen, die sie möchten. Jeden Tag werden durch die Preisschwankungen von Unternehmen,

Währungen, Rohstoffen, usw. Unsummen an Geld verdient und natürlich auf der anderen Seite auch verloren.

Genau das macht die Börse für so viele Leute interessant. Die Möglichkeit, sein Geld durch kaufen und verkaufen zu vermehren, also durch Betreiben von Handel oder im Englischen „Trade".

Und nun kommen wir zu den Arten der Privatpersonen, die an der Börse Geld investieren.

Wenn wir den Begriff Börse hören, dann denken die Meisten von uns wahrscheinlich an viele Bildschirme mit tausenden von Zahlen, Blinklichtern und Statistiken. Und diese Bilder, die man meist aus irgendwelchen Wallstreet-Filmen kennt, sind gar nicht mal so realitätsfern. Die vielen Statistiken nennt man in der Fachsprache „Charts". Sie sind quasi nichts anderes, als die bildliche Darstellung von Zahlen.

Was für Zahlen das sind, hängt natürlich von dem Chart ab, aber grundsätzlich kann man alle an der Börse gehandelten Werte als Charts darstellen, sowohl Rohstoffpreise als auch Aktienpreise.

Diese Charts sind eigentlich sehr unkompliziert. Sie haben eine x und eine y-Achse.

Auf der x-Achse wird die Zeit wiedergespiegelt und auf der y-Achse der Preis, die Punktzahl oder ein anderer Messwert, angegeben.

Hier ein Beispiel für so einen Chart:

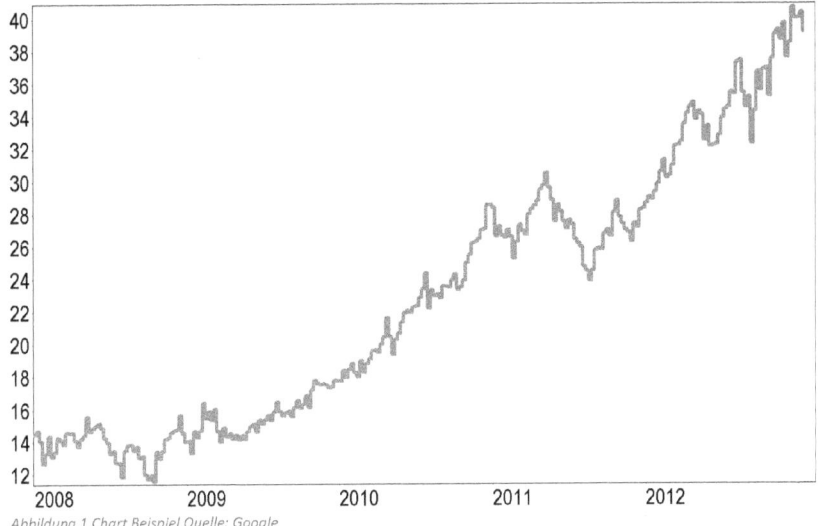

Abbildung 1 Chart Beispiel Quelle: Google

Mit diesen Charts arbeiten sowohl Investoren als auch Spekulanten.

Man kann von diesen Charts viele Informationen ablesen. Wie sich z.B. der Preis in einem gewissen Zeitraum entwickelt, wie der momentane Preisstand ist und wie der Trend aussieht. (Trend= die Richtung, in die sich ein Aktienpreis, Rohstoffpreise, usw. entwickeln.)

Dieses „Ablesen" von Informationen nennt man **Chartanalyse**.

Nehmen wir unser Beispielchart zur Hand: Wir können ablesen, dass die Entwicklung seit 2008 sehr positiv war und ein Anstieg von über 25 Wertangaben zu verzeichnen war. Des Weiteren kann man sehen, dass es 2011 einen kurzen Einbruch Mitte des Jahres gab, der Wert sich bis zum Ende des Jahres aber wieder erholt hat.

Theoretisch könnte man jetzt ins Unendliche weiter interpretieren und genau das ist es, was Investoren und Spekulanten auch machen. Spekulanten beschränken sich allerdings meist nur auf Charts und ihre eigene Einschätzung zur Marktentwicklung. Investoren benutzen im Gegenteil dazu meist noch andere Techniken zur Chartanalyse.

Die Investoren machen Firmenbewertungen basierend auf Firmenberichten, das nennt sich dann in der Fachsprache **Fundamentalanalyse.**
Ich werde euch eine kleine Einführung in die Fundamentanalyse bzw. das Durchführen einer Firmenbewertung mit Hilfe von gewissen Kenndaten in dem Kapitel „deine Finanzen" geben.

1.) Investoren

Natürlich könnte man hier wieder differenzieren zwischen institutionellen und nicht institutionellen Investoren (also Privatinvestoren), jedoch denke ich, dass dies den Rahmen dieses Buches sprengen würde und deshalb werde ich euch nur kurz erklären, was institutionelle Investoren sind und danach werden wir mit der für euch wichtigeren Definition, nämlich was Privatinvestoren sind, weitermachen.
Im Grunde sind institutionelle Investoren meistens Manager von sogenannten Fonds.
Fonds sind im Grunde nichts anderes als ein großes Konto, auf das viele Menschen Geld einzahlen können, um es dann von einem Fondsmanager verwalten und im besten Fall vermehren zu lassen.
Das heißt quasi, man gibt die Verantwortung darüber, wie die eigenen Finanzen investiert werden, ab.
Ihr wisst ja, dass ich dem Thema Verantwortung abgeben eher kritisch gegenüber stehe, allerdings ist es aus meiner Sicht trotzdem besser, sein Geld in einen seriösen Fond zu investieren, anstatt es auf dem Konto von der Inflation auffressen zu lassen oder noch schlimmer, es für unnötige Konsumgüter auszugeben.

Also nun zurück zum Thema.

Investoren sind Personen, die ihr Geld mit festen „Anlagestrategien" in die Wirtschaft investieren. Ich sage mit Absicht Wirtschaft, da diese Personen nicht am kurzfristigen Kaufen oder Verkaufen von einzelnen Werten interessiert sind, sondern daran, sich langfristig am weltweiten Wirtschaftswachstum zu beteiligen.

Sein Geld sicher zu investieren, ist die beste und einzig vernünftige Methode, sein Geld an der Börse anzulegen. Man wird durch Investieren aber nicht über Nacht zum Millionär, sondern das Vermögen wird über Jahrzehnte der Renditenauszahlung und durch den Zinseszinseffekt aufgebaut. (Der Zinseszinseffekt ist der Effekt, dass durch die Auszahlung von Zinserträgen die nachfolgenden Zinserträge steigen, was zu einer langfristig exponentiellen Steigung führt.). Diese Tatsache macht das Investieren für viele Privatanleger und vor allem junge Privatanleger, wie wir es sind, unattraktiv, obwohl es sich für die jungen Anleger am meisten rentieren würde.

Ein berühmtes Beispiel und allzeitlicher Vertreter des „Value-Investings" (in Werte investieren) ist Warren Buffet, der sein Vermögen durch überlegtes, strukturiertes und leider auch langweiliges Investieren geschaffen hat.

2.) Spekulanten

Spekulanten sind Privatpersonen, aber auch teilweise Vertreter von großen Unternehmen, die dafür zuständig sind, das firmeneigene Kapital an der Börse zu vermehren.

Spekulanten arbeiten im Gegensatz zu den Investoren, die auf Nummer sicher gehen, mit mehr Risiko und treffen Entscheidungen weniger basierend auf Fakten, sondern entscheiden sich dafür, ihr Geld so anzulegen, dass es ein großes Potential zur Vermehrung hat, aber auch ein großes Potential zum Verlust. Ihre Entscheidungen werden aufgrund ihrer eigenen Markteinschätzung getroffen. Dazu denken sie sich teilweise kuriose Geschichten aus, arbeiten mit mathematischen Algorithmen, die überhaupt nichts mit der realen Welt zu tun haben und dessen Essenz der Aberglaube an die allwissende Fibonacci-Sequenz ist. (Wer mehr darüber erfahren möchte, dem empfehle ich jedes hirnrissige Buch über Trading mit Fibonacci Tools.)

Die meisten Spekulanten, vor allem Privatpersonen, werden durch ihre Spekulationsgeschäfte früher oder später ihr Geld verlieren. Es ist einfach so. Denn zwischen einem Casino Besuch und der Wette auf Börsenkurse besteht kein Unterschied.

Es gibt jedoch ein paar Ausnahmen berühmter Spekulanten, die durch ihre Börsenwetten reich geworden sind. Diese Leute sind aber keine gewöhnlichen Spekulanten. Meist haben sie eine fundierte wirtschaftliche Ausbildung und in ihre Entscheidungen laufen viel mehr Überlegungen und logische Analysen mit ein als in die eines gewöhnlichen Spekulanten. Das macht sie eigentlich schon fast wieder zu Investoren. Ein berühmtes Beispiel dafür ist Andre Kostolany, der zu seinen Lebzeiten als Börsen-Guru bewundert wurde und in seinen Büchern erklärt, dass man zum Spekulieren mehr braucht, als ein erfundenes Szenario oder mathematische Formeln, sondern Verständnis für Abläufe in der Wirtschaft und eine funktionierende Strategie.

Am Ende des Tages geht es den Investoren und den Spekulanten aber um das Gleiche, sie wollen Gewinne erzielen, und dafür gibt es unendlich viele Möglichkeiten.

Viele Menschen denken immer, dass die einzige Möglichkeit an der Börse Geld zu verdienen, jene ist, Aktien oder Rohstoffe zu kaufen, wenn sie billig sind und zu verkaufen, wenn sie teuer sind. Diejenigen, die ihr Geld an der Börse auf diese Weise erwirtschaften, werden „Bullen" genannt.

Es gibt aber auch die Möglichkeit, Geld zu erwirtschaften, indem man Aktien oder Rohstoffe teuer verkauft, obwohl man sie gar

nicht besitzt, um sie dann zu einem späteren Zeitpunkt billig zu kaufen. Das ist das Prinzip der Leerverkäufe.
Leute, die auf diese Weise ihr Geld erwirtschaften, werden „Bären" genannt.

(Informationen darüber, wie man als Privatperson in Aktien und ähnliche Wertpapiere vernünftig investieren kann und wie man ein Unternehmen bewerten kann, erhaltet ihr im Kapitel „deine Finanzen")

Börsenzyklen, Spekulationsblasen und Börsencrashs:

Wir alle haben diese Begriffe schon einmal gehört, was sie aber genau bedeuten, wissen die wenigsten.

Börsenzyklen:

Ein Börsenzyklus ist ein Zeitraum, in dem die Wirtschaft alle Phasen der „Börsenstimmung" erlebt.
Eingeteilt werden kann ein Börsenzyklus grob wie folgt:

Die Zeit des Aufbaus: Wenige Leute investieren ihr Geld in Aktien.

Die Zeit des Investierens: Die Wertkurse steigen wieder langsam und die Menschen beginnen, sich zu überlegen, in was sie investieren können.

Die Zeit des Wachstums: Immer mehr Menschen und Unternehmen bringen ihr Kapital zur Börse, um aktiv am Wachstum beteiligt zu sein.

Die Zeit des Übermuts: Die Menschen kaufen immer mehr und mehr Aktien, was die Wertekurse von ihrem tatsächlichen Wert loslöst und in die Höhe schießen lässt, was dazu führt, dass noch mehr Werte gekauft werden.

Die Zeit des **Börsencrashs**: Die Menschen bemerken, wie unrealistisch die Wertentwicklung an der Börse ist und sie beginnen, ihre Wertpapiere zu verkaufen. Wenn die Menschen in der Zeit des Übermuts erst einmal damit begonnen haben, ihre Werte zu verkaufen, hat ein unaufhaltbarer Prozess begonnen. Die Leute verkaufen ihre gesamten Wertpapiere, was dazu führt, dass die Kurse sinken, was wiederum dazu führt, dass noch mehr Leute ihre Wertpapiere verkaufen und so weiter.

Nach dem Börsencrash beginnt dieses Spiel von vorne und wir sind wieder in der Zeit des Aufbaus.

Spekulationsblasen:

Spekulationsblasen sind dem Wirtschaftsverhalten in der Zeit des Übermuts ähnlich. Mit dem Unterschied, dass bei einer Spekulationsblase lediglich ein Teil der Wirtschaft oder auch nur ein einziges Unternehmen betroffen ist. Dieser Teilbereich wird dann durch die Stimmung an der Börse und durch guten Zuspruch in den Himmel gelobt, was dazu führt, dass die Kurse dieses Teilbereichs steigen, was wiederum dazu führt, dass viele Leute sich in diesen Teilbereich einkaufen - das Ende der Geschichte kennen wir ja bereits. Wenn die Leute dann realisieren, dass der Wert dieses Unternehmens oder Rohstoffes oder was auch immer gehandelt wird, unter dem an der Börse notierten Wert liegt, kommt es wieder zum Crash und man sprich davon, dass die Blase geplatzt ist.

Wie funktionieren Steuern?

Schüler beschweren sich immer darüber, dass man in der Schule viel mehr Blödsinn als nützliches Zeug lernt. Die Standardaussage vieler Schüler ist immer, dass sie zwar den Zellkern einer Pflanze beschreiben können, nicht aber wissen, wie Steuern funktionieren.

Ich stimme zwar absolut zu, dass man in der Schule zum Großteil nur Blödsinn lernt, allerdings ist die Steuer keine Sache, die irgendwie „funktioniert". Jeder muss einen gewissen Betrag seines Einkommens an Steuerabgaben abgeben. Diese Abgaben variieren von Steuerklasse zu Steuerklasse und noch viel mehr zwischen Arbeitgeber und Arbeitnehmer. Ein Arbeitnehmer bezahlt z.B. prozentual gesehen viel mehr Steuern als ein Unternehmer.

Deswegen sollte die Frage nicht heißen „Wie funktionieren Steuern?", sondern „Wie kann ich Steuern sparen?".

Aber erst mal ganz langsam.

Steuern wurden grundsätzlich eingeführt, um einen Staat durch finanzielle Mittel funktionsfähig zu machen. Sprich, der Bürger gibt dem Staat einen Teil seines Geldes, damit der Staat dieses Geld nutzen kann, um es in Dinge wie Infrastruktur, Ausbildungsstätten, usw. zu investieren.

Da es unfair gegenüber den Normalverdienern wäre, wenn Wohlhabende gleich viel bzw. gleich wenig Steuern zahlen müssten, wurden sogenannte Steuerklassen eingeführt, die bestimmen, wie viel Prozent des Gehalts ein Mensch zahlen muss. Natürlich sind wohlhabende Menschen nicht wohlhabend, weil sie blöd sind, sondern, weil sie in der Lage sind, sich an die Gegebenheiten der Umwelt anzupassen und so fanden sie Möglichkeiten, sich trotz ihres Wohlstandes dem größten Teil der enormen Steuerlast und dadurch auch finanziellen Verlust zu entziehen und zwar auf meist ganz legale Weise.

Da dies kein Buch mit Tipps zum Steuersparen ist, werde ich nicht auf irgendwelche Details eingehen. Trotzdem erkläre ich euch kurz das Prinzip, wie Unternehmer bzw. Menschen, die in Besitz eines Gewerbes sind, oft viel Geld sparen, indem sie weniger Steuern zahlen. Aber vorerst werde ich die unterschiedlichen Steuerarten erklären.

Direkte Steuern:

Direkte Steuern sind Steuern, die jeder von uns selbst zu tragen hat. Das heißt, jeder (Arbeitnehmer) muss diese Steuern zahlen, wie z.B. die Einkommenssteuer.

Indirekte Steuern:

Indirekte Steuern, sind variable Steuern, bei denen wir nicht die Steuerschuldner sind, dennoch die Steuer bezahlen müssen, wie z.B. die Umsatzsteuer, oder auch Mehrwertsteuer genannt.

Wie die Steuerbelastung in Deutschland aussieht, könnt ihr euch an dieser Grafik anschauen.

<u>Wichtig:</u> Steuersätze können sich ändern und variieren von Staat

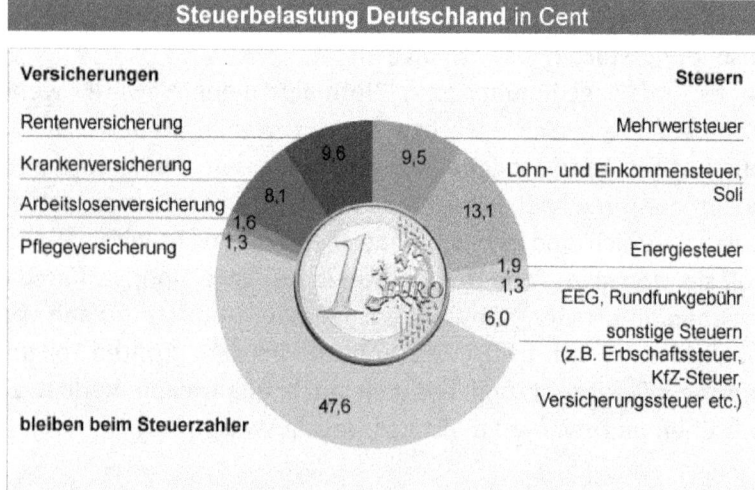

Abbildung 2: Steuerbelastung DE – Quelle: http://www.boerse.de/konjunktur/steuerarten/grafik

zu Staat, wobei die Steuersätze in Österreich und Deutschland vergleichbar sind.

Wie sparen Unternehmer Steuern?

Das Prinzip ist relativ simpel. Ein Arbeitnehmer in Österreich und Deutschland bekommt ein Gehalt, von dem er rund 40% an Steuerabgaben tätigen muss. Bei Unternehmern ist die Situation teilweise anders. Unternehmen errechnen ihren Gewinn, grob gesagt, durch Einnahmen und Ausgaben. Der durch diese Rechnung resultierende Gewinn (der „Gehalt" des Unternehmers) muss dann versteuert werden. Aber jetzt kommt der Trick. Unternehmer haben die Möglichkeit, **bevor** sie ihr „Gehalt" versteuern müssen, Investitionen zu tätigen, die nicht versteuert werden müssen. Dadurch können sie ihren Gewinn „steuerfrei" reinvestieren und einen größeren Kapitalerhalt rausholen. Zusätzlich haben Unternehmer unzählige Steuervorteile wie z.B. das Tätigen von Abschreibungen. (Abschreibungen sind kurz gesagt Geldbeträge, die Unternehmer bei Ausgaben wie z.B. Autos, Maschinen, Geschäftsessen usw. zurückbekommen. Zwar nicht auf einmal, jedoch über einen festgelegten Zeitraum z.B. Autos 5-8 Jahre, Computer ca. 3 Jahre,...)

Inwiefern euch diese Informationen tangieren, müsst ihr für euch selbst interpretieren.

Es ist jedoch Fakt, dass die Steuerlast eines Staates fast gänzlich auf den Schultern der Mittelschicht liegt. Entscheidet man sich also, ein Leben als Arbeitnehmer zu führen, muss man sich darüber im Klaren sein, dass man von Jänner bis April nur für den Staat arbeitet.

Natürlich finde ich, dass in einem staatlichen System wie unserem jeder seinen Beitrag leisten muss, nur ist momentan kein Unterschied mehr zwischen „Beitrag leisten" und „Ausbeutung der Mittelschicht" erkennbar.

Steuererklärung:

Ich hoffe, dass bereits viele von euch wissen, was eine Steuererklärung ist und wie sie funktioniert. Ich erschrecke immer wieder, wenn mir Freunde erzählen, dass sie in den letzten drei Jahren im Sommer hart gearbeitet haben, viel Geld verdienten und sie auf die Frage, ob sie denn auch eine Steuererklärung abgegeben haben, mit einem schiefen Blick antworten. Oder noch schlimmer, wenn Freunde von mir, die bereits seit drei oder vier Jahren berufstätig sind, noch nie einen Steuerausgleich gemacht haben, obwohl es doch so simpel ist.

Ich gebe zu, vor den Zeiten des Internets war es nicht allzu angenehm eine Steuererklärung abzugeben. Man musste zum Finanzamt gehen oder sich zuhause mit etlichen Formularen, Rechnungen und anderem Papierkram rumschlagen.

Doch unsere Generation hat es einfacher denn je. Alles was wir tun müssen, ist in Österreich auf die Website www.FinanzOnline.bmf.gv.at oder in Deutschland auf eine Website wie www.steuererklaerung-online.org zu gehen, unsere persönlichen Daten (die wir von dem Finanzamt holen bzw. uns zuschicken lassen müssen) eingeben und dann jeweils auf „Steuererklärung berechnen" und „Steuererklärung abschicken" klicken. Das. Ist. Alles!

Wenn ihr weniger als 12.000€ im Jahr verdient (Wert kann sich ändern), also z.B. einen Samstagsjob oder einen Sommerjob macht, dann habt ihr das Recht, eure bezahlte Lohnsteuer zurückzufordern.

Um euch klar zu machen, wie viel Geld ihr „verschenkt", indem ihr euch nicht um eure Steuererklärung kümmert, hier eine Rechnung:

Angenommen ihr habt die letzten drei Sommer gearbeitet und jeweils 1500€ netto (netto bedeutet, dass die Steuern bereits abgezogen wurden) verdient.

Die Lohnsteuer, die in diesem Fall pauschal vom Unternehmen abgezogen wird, beträgt in Österreich und Deutschland ca. 20% also rund 300€, von denen ihr realistisch gesehen ca. 150-250€ zurückbekommt.
Wenn man diesen Betrag nun auf die drei Jahre hochrechnet, kommen wir auf eine Gesamtsumme von **450-750€**, auf die ihr quasi freiwillig verzichtet.
Deswegen rate ich euch dringend, euch immer um eure Steuererklärung zu kümmern.

Wie funktionieren Banken?

Banken sind ein komplexes Thema. Früher hatten Banken einen ziemlich guten Ruf, da sie in der Lage waren, Geld sicher aufzubewahren. Heute ist das nicht mehr so, weswegen immer mehr Menschen ihr Geld, anstatt es zur Bank zu bringen, für Konsumgüter wie Fernseher und Videospiele ausgeben oder es in Wertanlagen anlegen.
In diesem Unterkapitel versuche ich das Prinzip unseres Bankensystems so einfach wie möglich zu erklären und euch zu zeigen, wie eine Bank ihr Geld verdient und woher das Geld, mit dem eine Bank arbeitet, überhaupt kommt.

Fangen wir, wie üblich, von null an.

Warum gibt es überhaupt Banken?

Um das besser erklären zu können, gehen wir zurück in unsere fiktive mittelalterliche Stadt.
Schon seit Ewigkeiten gibt es Menschen, die viel besitzen und Menschen, die wenig besitzen.

Diejenigen, die viel besitzen, befürchten andauernd ausgeraubt zu werden oder Geld anderwärtig zu verlieren. Sie denken, sie haben es schwer, da sie in fortlaufender Furcht leben müssen. Daher suchen sie nach einer Möglichkeit, ihr Geld sicher unterzubringen.

Auf der anderen Seite haben wir die Armen, deren finanzielle Ressourcen gerade mal so ausreichen, um ihre Familien zu ernähren. Sie möchten unbedingt ein Haus für ihre Familien bauen, doch ihr Erspartes reicht nicht einmal für einen Sack voll Weizen. Deshalb denken sie ebenfalls, dass sie es schwer haben und suchen nach einer Möglichkeit, an Geld zu kommen.

... und genau da kommt die Bank ins Spiel.

Die Bank bietet den Anlegern, also denjenigen, die genug Geld besitzen, eine Möglichkeit, ihr Geld sicher unterzubringen und sogar Zinsen, um das angelegte Geld vor der Inflation (=Geldentwertung) zu schützen.

Des Weiteren bietet die Bank den ärmeren Mitbürgern die Möglichkeit, einen Kredit aufzunehmen, um endlich genug Geld für ein Haus zur Verfügung zu haben. Der einzige Haken an der Sache ist, dass sie, die Kreditnehmer, als Gegenleistung für die Kreditvergabe Zinsen zahlen müssen und um es vor der Geldentwertung zu schützen.

Im Prinzip eine „Win-Win-Situation". Doch wie kann die Bank dann überhaupt Geld verdienen?

Die Anleger bekommen gerade genug Zinsen, um ihr Geld vor der Entwertung zu schützen. Wenn die Inflationsrate also z.B. 1,5% beträgt, dann bekommen die Anleger 1,6% Zinsen.

Warum 1,6%? Ganz einfach. Um die Anleger im Glauben zu lassen, sie würden sogar mit Gewinn aus dem Anlegeprozess aussteigen. Ihr tatsächlicher Gewinn bewegt sich allerdings in extrem kleinen Dimensionen.

Die Kreditnehmer müssen hingegen Zinssätze von bis zu 15% zahlen. Das heißt, dass wenn die armen Mitbürger einen Kredit von 100 Goldmünzen aufnehmen, sie am Ende der Rückzahlungsfrist 115 Goldstücke an die Bank zurückzahlen muss.

Die Bank besitzt aber in Wirklichkeit gar kein Eigenkapital. Aus diesem Grund nimmt sie 100 Goldmünzen von reichen Sparern und verleiht sie hinter ihren Rücken an die armen Mitbürger. Die Anleger wissen zwar, dass die Bank mit ihrem Geld arbeitet, jedoch wissen sie nie genau, was mit ihrem Geld passiert.
Angenommen die Kreditdauer beträgt ein Jahr. Nach Ablauf der Kreditdauer bekommt die Bank nun 115 Goldmünzen zurück, zieht 1,6 Goldmünzen ab (1,6% von 100 Goldmünzen) und gibt diese 1,6 Goldmünzen gemeinsam mit den 100 den Anlegern zurück.
Die übrigen 13,4 Goldmünzen sind nun der Verdienst der Bank.

Damals liefen Bankgeschäfte nach diesem Prinzip ab, natürlich nur viel komplexer. Die Banken konnten nur das verleihen, was sie in Form von Anlagen und Eigenkapital auch tatsächlich hatten.

Heute sieht die Welt jedoch etwas anders aus.

Banken heute

Am Beginn dieses Kapitels haben wir über die Wirtschaft gesprochen und wie diese funktioniert. Ein paar von euch, die mit der Thematik vielleicht etwas vertrauter sind, haben sich wahrscheinlich gefragt, warum ich das Thema Kredite nicht angesprochen habe. Denn die Kredite treiben die Wirtschaft im Endeffekt an.

Um zu verstehen, wie das funktioniert, muss man zuerst verstehen, wie dieses System aufgebaut ist. Wir wissen, dass die Wirtschaft aus Handel besteht und nur existieren kann, wenn genug Bargeld im Umlauf ist.

Heutzutage sind die Zentralbanken, die in Zusammenarbeit mit den Staaten stehen, für die Zinsenregulierung bzw. für die Zinssteigerung und das Drucken von Bargeld verantwortlich.

Wie wir wissen, ist der Wert des Geldes immer davon abhängig, wie viel Rohstoffe und Dienstleistungen davon gekauft werden können. Dabei ist es wichtig, eine Balance zwischen Wert des Geldes und Wert der Rohstoffe und Dienstleistungen zu erhalten. Und genau um das kümmert sich die Zentralbank.

Ein Beispiel:

Die Zentralbank hat eine Zinssenkung vorgenommen. Sprich, den Druck von neuem Bargeld etwas reduziert, da das Geld sonst zu schnell entwertet wird. (Wir wissen: umso mehr Geld im Umlauf – umso weniger ist das Geld wert.)

Diese Handlung der Zentralbank zieht eine Reihe von Folgen mit sich:

1. Die „normalen" Banken senken ihre Zinsen auf Anlagen und Kredite ebenfalls -> Mehr Leute wollen einen Kredit aufnehmen -> Mehr Geld für Ausgaben zur Verfügung -> Kurbelt die Wirtschaft an.
2. Weniger Leute legen ihr Geld auf ein Konto/Sparbuch, da sie nichts mehr dafür bekommen -> geben es lieber aus -> Kurbelt die Wirtschaft an.

Beide Direktfolgen sind zwar gut für die Wirtschaft aber nicht wirklich günstig für die Banken selbst. Im Endeffekt verleiht die Bank viel Geld, hat aber (relativ) wenig Geld zur Verfügung.

Heutzutage sind Banken aber nicht mehr nur an das Anlegekapital und Eigenkapital gebunden, sondern können quasi „leere Kredite" vergeben - darauf basierte auch die Wirtschaftskrise 2008, in jenem Fall waren es leere Immobilienkredite.

Das Endresultat bleibt aber Wirtschaftswachstum, was zum Wohlstand der Bevölkerung führt.

Wenn man dann eines Tages an dem Punkt angelangt ist, an dem es nur mehr wenige Güter, Rohstoffe und Dienstleistungen gibt, da sich mittlerweile „jeder alles leisten kann", muss die Zentralbank den Not Hebel ziehen und die Zinsen wieder erhöhen. Sollte in solchen Momenten klar werden, dass der gesamte Wohlstand quasi nur auf einer Illusion basiert, bricht Panik in der Bevölkerung aus. Dieses Phänomen sorgte in der Vergangenheit auch schon für Wirtschaftszusammenbrüche.

Kreditwürdigkeit

Ziemlich jeder von uns ist früher oder später auf den Kredit einer Bank angewiesen.

Es ist also wichtig, dass wir diesen Kredit zum benötigten Zeitpunkt auch bekommen, denn so leicht wie für die armen Mitbürger aus unserem Beispiel wird es für uns nicht werden.

Eine Bank vergibt Kredite ausschließlich an kreditwürdige Personen. Das sind Personen, die vorher geprüft wurden, ob sie auch sicher in der Lage sind, das geliehene Geld samt Zinsen zurückzuzahlen.

Um für eine Bank „kreditwürdig" zu sein müsst ihr folgende Kriterien erfüllen.

1.) Ein festes Einkommen

Banken wissen alles über uns. Stehen wir finanziell gut dar? Sind wir pleite? Wofür geben wir unser Geld aus? Natürlich geht die

Bank diskret mit diesen Informationen um, dennoch, sie weiß Bescheid.

Deshalb weiß eine Bank auch wie viel ihr verdient und hat in den meisten Fällen sogar Spezialisten, die einschätzen, wie sicher euer Arbeitsplatz ist.

Darum ist es wichtig für junge Menschen als Fundament für die Zukunft einen sicheren Job zu finden - insofern das heutzutage noch möglich ist.

Natürlich ist es auch wichtig, dass der Job den ihr annehmt, euch gefällt und ihr euch mit ihm identifizieren könnt. Der Aspekt der Sicherheit und dann der Einkommenshöhe sollte aber ebenfalls berücksichtigt werden.

2.) Deine Ausbildung

Es ist zwar meistens kein ausschlaggebendes Kriterium, jedoch kann es sein, dass man aufgrund eines höheren Ausbildungsgrades für die Bank kreditwürdiger erscheint.

3.) Deine Sicherheiten

Die Bank verlangt vom Kreditnehmer im Vorfeld Informationen darüber, welche Wertanlagen (z.B. Haus, Autor, teurer Schmuck) man besitzt. Das macht die Bank, da sie, falls der Kreditnehmer seine Schulden nicht zurückzahlen kann, auf diese Wertsachen zurückgreifen und zu Geld machen kann.

Der Kreditzinssatz:

Nach Beachtung der obigen Kriterien entscheidet die Bank nun, ob man überhaupt kreditwürdig ist und wenn ja, dann entscheidet die Bank wie hoch der Rückzahlungszinssatz ist.

Dabei ist es so, dass umso schlechter die finanzielle Situation eines Kreditnehmers ist, desto höher ist der Zinssatz, den er bezahlen muss.

Das klingt vielleicht unfair, da er ja bereits in einer „schlechten" Lage ist, auf den zweiten Blick ist es dann doch recht einleuchtend.

Denn umso geringer die Wahrscheinlichkeit, dass ein Kreditnehmer in der Lage ist, das geliehene Geld zurückzuzahlen, desto höher ist das Risiko für die Bank.

Fast überall in der Wirtschaft wird ein hohes Risiko nur eingegangen, wenn man einen ebenso hohen „Return", also eine gleichwertige Entlohnung für das Risiko hat.

Wie funktionieren Versicherungen?

Im Grunde werden Versicherungen genutzt, um das Risiko eines Einzelnen auf eine Gemeinschaft zu übertragen.

Es wird im Endeffekt nicht das Risiko übertragen, sondern viel mehr die finanziellen Folgen eines Schadens.

Was das für einen Sinn macht? Ganz einfach.

Stellen wir uns vor, wir haben 1000 Menschen und sie alle zahlen monatlich 50€ in einen Topf, der dann jeden Monat mit 50.000€ gefüllt ist, ein.

Natürlich sind 50€ nicht wenig Geld, aber im Verhältnis zu dem, was eventuelle Schadensfälle kosten können, ist es für eine Einzelperson dann doch eher wenig.

Statistisch gesehen ist es eher unwahrscheinlich, dass im selben Monat alle 1000 Versicherungsnehmer gleichzeitig einen Schadensfall zu beklagen haben. Eine weitaus realistischere Anzahl an Schadensfälle wäre möglicherweise fünf. Sagen wir also, wir haben fünf Schadensfälle, die in Summe 40.000€ kosten, das sind durchschnittlich 8.000€ pro Person.

Nun könnte eine Privatperson für einen Schaden von über 8.000€ niemals selbst aufkommen aber weil diese Person ja auch ihren Beitrag zum gesammelten Geld, das sich im Topf befindet, geleistet hat, wird nun die Versicherungsverwaltung die Kosten dieses Schadensfalles übernehmen.

Die 10.000€, die am Ende des Monats übrig sind, sind der Gewinn der Versicherung.

Und so funktionieren, vereinfacht gesagt, Versicherungen.

Da es verschiedene Arten von Schadensfällen gibt, gibt es auch verschiedene Arten von Versicherungen. Es gibt Versicherungen, die jeder haben **muss**. Als Autofahrer braucht man z.B. eine Haftschutzversicherung und eine KFZ-Rechtsschutzversicherung. Zusätzlich könnte man eine Vollkaskoversicherung abschließen, wenn man z.B. ein neues oder ein sehr hochwertiges Auto besitzt.

Ich werde nun ein paar der wichtigsten Versicherungsarten aufzählen und erklären, für was sie gut sind. Wichtig im Sinne von wichtig und relevant für junge Leute, d.h. ich werde nicht auf Versicherungen wie eine Risikolebensversicherung, die nur für Leute geeignet sind, die für andere Personen sorgen, eingehen.

Beruf und Leben:

- Privathaftpflichtversicherung

    Jeder braucht eine Privathaftversicherung.

    Im Grunde haben alle Haftpflichtversicherungen die gleiche Funktion. Verursacht der Versicherte einen Schaden, von dem eine dritte Person betroffen ist, so kommt die Versicherung für die entstandenen Kosten des Dritten auf. (Durch einen Unfall. **Mutmaßlicher Schaden wird nie von der Versicherung übernommen.**)

- Berufsunfähigkeitsversicherung

Prinzipiell braucht man diese Versicherung nur, wenn man von seinem Einkommen lebt. Sie deckt im Falle der Berufsunfähigkeit die vereinbarte Berufsunfähigkeitsrente.

- Erwerbsunfähigkeitsversicherung

Dabei handelt es sich im Grunde genommen um das gleiche wie bei einer Berufsunfähigkeitsversicherung. Sie agiert ähnlich wie die Berufsunfähigkeitsversicherung, jedoch mit eingeschränkten Leistungen.
Das bedeutet, dass man im Falle der Erwerbsunfähigkeit zwar eine finanzielle Unterstützung bekommt, jedoch nicht in der Höhe wie es im Fall einer Berufsunfähigkeitsversicherung wäre.

Prinzipiell gibt es folgende zwei Unterschiede:

- Eine Berufsunfähigkeitsversicherung ist teuer, aufgrund dessen kann sie sich nicht jeder leisten. Im Gegenteil dazu ist eine Erwerbsunfähigkeitsversicherung um einiges günstiger.
- Viele Menschen kommen aufgrund eines zu hohen Risiko oder einer Krankheit, usw. für eine Berufsunfähigkeitsversicherung gar nicht in Frage, dann entscheidet man sich meistens für eine Erwerbsunfähigkeitsversicherung.

Krankheit und Pflegebedürftigkeit:

- Gesetzliche Kranken – und Pflegeversicherung

Diese Versicherung ist Pflicht für jeden, der keine Privatkrankenversicherung abgeschlossen hat bzw. es sich nicht leisten kann.

Die Krankenversicherung trägt im Fall der Krankheit die Kosten für die Behandlung, sowie für Arzneimittel.

- Auslandskrankenversicherung

Braucht jeder.
Übernimmt, wenn benötigt, alle Kosten für medizinische Versorgung im Ausland.

Fahrzeug:

- KFZ-Haftpflichtversicherung

Pflicht für jeden Fahrzeugbesitzer.
Schützt vor den Schadenskosten eines Dritten, die vom Versicherten in einem Unfallszenario verursacht werden.

- Vollkaskoversicherung

Eher weniger relevant, es sei denn, der Versicherte besitzt einen Neuwagen oder ein allgemein hochwertiges Fahrzeug.

Das sind die relevantesten Versicherungen, über die es sich als junger Mensch zu wissen lohnt. Natürlich sind meine Erklärungen stark verkürzt und die Konditionen können auch von Versicherer zu Versicherer variieren.

Als letztes möchte ich noch kurz auf die Kosten bzw. Konditionen von Versicherungen eingehen.

Damit sich Versicherungen auch für die Versicherung rentieren, arbeiten Versicherungen mir verschiedenen Risikofaktoren, statistischen Wahrscheinlichkeiten, usw.

Ich werde euch nicht mit Details einer Rechnung belästigen, es ist für euch nur wichtig zu wissen, dass ihr beim Abschluss einer Versicherung ein Investment für die Versicherung seid. Wie wir schon in den Unterkapiteln über Wirtschaft und Banken gelernt haben, steigen die Kosten immer in Bezug auf das Risiko.

Deswegen werdet ihr als Fahranfänger mehr für eine Fahrzeugversicherung zahlen müssen, als jemand, der schon seit 20 Jahren unfallfrei Auto fährt.

Des Weiteren ist es, um die Versicherungskosten niedrig zu halten, ratsam, immer auf die eigene Gesundheit zu achten, sprich keine Extremsportarten auszuüben, nicht zu rauchen oder zu trinken,...

Was passiert in Europa/der EU?

Wir hören in den Nachrichten fast täglich, wie schlecht es der europäischen Wirtschaft geht, wie schwach der Euro ist und wie viele Arbeitslose es gibt.

Einige Menschen sind deswegen sehr besorgt und anderen ist es ziemlich egal, sie denken sich „Solange ich meinen Job habe und einen Lohn bekomme, ist mir egal was die anderen machen."

Was diese Menschen jedoch nicht verstehen ist, dass wenn es den anderen nicht gut geht, die Existenz ihres Jobs ebenso gefährdet ist.

Wie ihr die negative Stimmung in Europa interpretiert, ist euch überlassen, ich für meinen Teil bin besorgt.

Nicht zwingend wegen der wirtschaftlichen Situation innerhalb von Deutschland oder Österreich, sondern wegen der miserablen finanziellen Lage in Griechenland, Spanien, Portugal, Zypern, Belgien, Italien und wenn es so weiter geht auch bald in Frankreich.

Hinzu kommen politische Probleme, wie die Krim-Krise vor ein paar Jahren, die momentane Flüchtlingskrise und Terroranschläge in Großstädten.

Natürlich soll das keine Aufforderung sein, die Haustüre zu verschließen um ängstlich auf das Ende zu warten. Ich möchte jedoch auch nicht, dass ihr eine Haltung der Gleichgültigkeit einnehmt und euch in Desinteresse übt.

Die Europäische Union leidet genauso. Die Menschen sind nicht mehr allzu überzeugt vom Erfolgsmodell „EU", da es scheint, dass nur Länder wie Griechenland profitieren und wir, die wohlhabenden Staaten, diese ärmeren Länder mitversorgen müssen.

Jene Menschen erkennen Vorteile wie den steuerfreien Binnenhandel innerhalb der EU, der Deutschland weit mehr Geld spart als sie an „Kosten" für Griechenland haben, nicht.

Für sie ist auch das Reisen ohne Grenzkontrollen selbstverständlich geworden und würden diesen Verlust erst erkennen, wenn die EU nicht mehr da wäre. Die Menschen haben Angst, was natürlich ein Vorteil der vielen rechtsorientierten Parteien ist, welche mit leeren Versprechungen die Angst der Menschen dämpfen und schlussendlich von deren Wahlstimmen profitieren. Diese Parteien sind meist gegen die EU und verfolgen meist rein kapitalistische Ziele. Diese Haltung ist jedoch höchst fragwürdig und in meinen Augen völliger Schwachsinn.

Ob ihr nun für oder gegen die EU seid, ist natürlich euch überlassen.

Probleme gibt es genug, jedoch ist niemand gewillt, sich die Hände schmutzig zu machen und sie zu lösen.

Ich werde gar nicht erst versuchen, Lösungsansätze zu liefern, denn wenn es so einfach wäre, dann wäre die Situation nicht so wie sie ist. Es ist jedoch ein Teil des Denkens eines klugen Menschen, sich über sein Umfeld klar zu werden und Europa ist nun mal unser aller Umfeld.

Wir müssen uns darüber im Klaren sein, dass „wir" die Zukunft dieses Europas sind und deswegen liegt es auch in unserer Verantwortung, uns um dessen Erhalt zu kümmern.

Ihr fragt euch eventuell, wie es denn dazu kommen konnte, dass sich Europa in einer solch schlechten Lage befindet. Die Antwort ist simpel – Wir sind einfach stehen geblieben.

Wir haben uns die letzten Jahrzehnte auf unserem Wohlstand ausgeruht.

Gleichzeitig ging in Amerika eine Revolution vor sich, die es zum Trend machte, dass junge Menschen selbstständig werden und ihre eigenen Unternehmen gründeten.

Wir alle kennen diese Unternehmen: Facebook, Google, Twitter, usw.

Auf der anderen Seite gibt es die Entwicklungsländer, die durch den Fleiß junger Menschen und deren Streben nach einer besseren Zukunft schon bereits jetzt einen wirtschaftlichen Aufschwung erleben oder ihn sehr bald erleben werden. Wenn wir in Europa denken, dass wir jetzt schon wenige Arbeitsplätze haben, dann werden wir uns früher oder später wundern, wenn immer mehr Arbeitsplätze, vor allem in der IT-Industrie an Indien, China, usw. verloren gehen werden.

Denn während der Großteil junger IT-Techniker in Europa nichts Besseres zu tun hat, als Videospiele zu spielen und ihre Zeit mit anderen sinnlosen Aktivitäten zu verschwenden, arbeiten junge IT-Techniker in Indien daran, neue Softwares zu entwickeln, die in der Wirtschaft gebraucht werden.

Was ich damit sagen will, ist nicht, dass junge IT-Techniker in Europa, faule, videospielsüchtige Trottel sind, sondern, dass wenn wir, junge Leuten in Europa nicht schleunigst unsere Arbeitsmoral ändern, es nur noch eine Frage der Zeit ist, bis die Wirtschaft Europas untergehen wird.

Wie denken erfolgreiche Menschen?

Wenn mich Leute fragen, was denn das Wichtigste ist, um ihr Leben in den Griff zu bekommen, ist meine Antwort dazu ist immer dieselbe: Ändert eure Denkweise.

Wir werden schon von Natur aus von der Vernunft getrieben, jedoch sind wir es selbst, die unserem Unterbewusstsein beibringen, was Vernunft überhaupt ist. Das klingt im ersten Moment höchstwahrscheinlich sehr wirr, doch wenn ihr nun mitdenkt, werdet ihr am Ende des Kapitels verstehen, auf was ich hinaus will.

Wie denken nicht erfolgreiche Menschen?

Das ist ein schwieriges Thema, denn Erfolg ist bekanntlich Ansichtssache, weswegen ich es verallgemeinern möchte und diese „nicht erfolgreichen" Menschen von nun an als „normal denkende" Menschen bezeichnen werde.

Die Denkweise eines Menschen ist natürlich immer sehr individuell und komplex, jedoch möchte ich in diesem Kapitel nur darauf eingehen, wie normale Menschen in Bezug auf ihre Lebensgestaltung denken.

Wir haben ja schon ein paar Kapitel zuvor besprochen, wie die verschiedenen Karrieren der Nachkommen der verschieden Gesellschaftsklassen aussehen. Das Ziel ist es, die Schule oder Ausbildung so gut wie möglich abzuschließen, einen sicheren Arbeitsplatz zu finden, sich ein Auto und ein Haus zu kaufen, eventuell eine Familie zu gründen - und dann?

Genau das ist es, denn die meisten denken gar nicht über diesen Punkt hinaus.

Sie sind sich meistens gar nicht bewusst, dass sie nun diesen Job bzw. einen Job in diesem Bereich, ihr restliches Leben ausüben werden, ohne Aussicht auf Veränderung.

Sie geben sich mit Lohnerhöhungen alle paar Jahre zufrieden, die, wie wir wissen, lediglich die Inflation decken.

Ist es verwerflich, solch einen Lebensweg zu gehen?
Absolut nicht. Niemand ist in der Position, über den Lebensstil eines anderen zu urteilen.
Ich habe enge Freunde, die genau das gleiche wollen.
Ihnen ist egal, dass sie die meisten Steuern zahlen müssen.
Ihnen ist egal, dass sie sich zwei Mal die Woche von ihrem launischen Chef anschnauzen lassen müssen.
Und zu guter Letzt ist es ihnen auch egal, dass sie finanziell niemals wirklich frei sein werden, jedenfalls nicht bevor sie 50 oder 60 sind.

Wenn ihr auch einer dieser Menschen seid, dann Hut ab! Ich für meinen Teil könnte so ein Leben nicht führen.

Ich will nicht sagen, dass wir nicht alle einmal ein Leben als Arbeitnehmer führen müssen, nichtsdestotrotz hat jeder die Möglichkeit, ein selbstbestimmtes Leben zu führen, selbst ein Unternehmen zu gründen oder ein Mitgründer zu sein. Jeder hat die Möglichkeit, sich durch Immobilien oder Ähnliches ein passives Einkommen zu sichern, wodurch man seine Lebenshaltungskosten decken kann und dadurch finanziell unabhängig ist.

Natürlich klingt das im ersten Moment abschreckend und manche werden eventuell denken, dass sie sich das gar nicht zutrauen.
Aber warum?
Ich höre doch immer wie sehr ihr eure Chefs hasst und was für Idioten sie sind. Dann spart Geld, kündigt euren Job und gründet euer eigenes Unternehmen.

Das ewige Jammern und Klagen wird euch nicht weiterbringen! Ihr müsst weiterhin die Drecksarbeiten machen, während euer Chef mit seinem Porsche nach Hause fährt. Ihm es egal, wie oft man ihn Idiot nennt, solange seine kleinen Bienchen weiterhin für ihn arbeiten.

Habt ihr wirklich so wenig Selbstrespekt um zu denken, dass Erfolg für andere Menschen vorbehalten ist und ihr nur in der Lage seid, ein Arbeitnehmer zu werden?

Denn diese Vorstellung ist falsch.
Diese Menschen sind genauso klug wie ihr, doch es gibt einen ausschlaggebenden Unterschied und zwar ihre Denkweise.
Diese Menschen denken anders, was ihnen die Kraft, das Selbstbewusstsein und ihre Motivation gibt.

Bevor ich euch nun einige Denkweisen erfolgreicher Menschen nahe lege, möchte ich aber noch etwas loswerden: hört endlich auf, euch zu beschweren! Ihr trefft euch mit euren Freunden und beschwert euch stundenlang darüber, wie scheiße euer Job ist, wie anstrengend es ist, dass alles immer teurer wird und wie schlecht doch unsere Politik ist.
Ich hab Nachrichten für euch, niemand wird euch helfen.
Eure Probleme bleiben eure Probleme, Punkt.

Anstatt stundenlang rumzusitzen und euch gegenseitig mit euren Problemen zu bombardieren, nur um dann noch frustrierter nach Hause zu gehen, könntet ihr diese Zeit nutzen, um zu überlegen, wie ihr denn anderwärtig Geld verdienen könntet, wie ihr euch aus diesem Käfig des Arbeitnehmerlebens befreien könntet. Stattdessen verschwendet ihr die Zeit mit Beschwerden, in der Hoffnung, dass sich irgendwann mal was ändert, dass ihr irgendwann einmal eine Möglichkeit bekommt, an Reichtum zu kommen. Eines kann ich euch versprechen, dieses „irgendwann" kommt nicht einfach von selbst!

Das ist der erste, große Unterschied zwischen normal denkenden und erfolgreich denkenden Menschen.

Ein erfolgreich denkender Mensch wird sich nie bei euch darüber beschweren, wie anstrengend es doch ist, ein Unternehmen zu führen und jeden Tag aufs Neue mit Problemen konfrontiert zu werden. Nie.

Ein erfolgreich denkender Mensch akzeptiert seine momentane Situation und überlegt, wie er sie besser gestalten könnte, denn er weiß, dass ihm Jammern überhaupt nichts bringt.

Also hört auf euch zu beschweren und fangt an, nach Veränderung zu streben. Überlegt, was ihr besser machen könnt. Der erste Punkt auf dieser Liste solltet ihr selbst sein.

Erschaffe deine eigene Realität

Jeder von uns kennt das Phänomen. Man hört irgendwo ein neues Wort und dessen Bedeutung und auf einmal liest und hört man dieses Wort überall.

Oder man lernt jemand neues kennen und auf einmal kommt es einem vor, als würde man diese Person nun fast täglich antreffen.

Das ist kein Zufall, sondern unser Unterbewusstsein.

Diese Wörter waren auch schon vorher in dem Zeitungsartikel und diese Person war auch schon vorher zur gleichen Zeit in der Stadt unterwegs, wir haben diese Dinge zuvor einfach nur nicht wahrgenommen, da sie uns schlichtweg unbekannt waren.

Was sagt uns das?
Ganz einfach.
Wir können unser Unterbewusstsein darauf trainieren, verschiedene Dinge zu sehen, ohne dass wir darüber nachdenken müssen.

Das mag nun wahrscheinlich uninteressant klingen, aber ihr müsst verstehen, was für ein riesen Potential diese Fähigkeit des menschlichen Verstandes hat.

Wenn wir zum Beispiel andauernd darüber nachdenken, welche Möglichkeiten es gibt, Geld zu verdienen und hartnäckig an diesem Gedanken festhalten, dann werden wir eines Tages aufwachen und egal wohin wir schauen, wir werden überall Möglichkeiten sehen, Geld zu verdienen.

Und das kann man auf jeden Bereich des Lebens übertragen.

Ein anderes Beispiel.

Einige von euch werden es vielleicht kennen: Man ist schon eine Zeit lang Single, eines Tages denkt man dann drüber nach und beschließt, dass man für eine neue Beziehung eigentlich bereit wäre. Nun stellt man sich vor, wie der Partner aussähe und was für tolle Momente man zusammen erleben könnte.

Dann verschwindet der Gedanke. Man lebt sein Leben weiter wie gewohnt.

Doch dann, plötzlich, ein paar Wochen oder vielleicht sogar nur Tage später, trifft man diese Person. Man denkt, es wäre Liebe auf den ersten Blick und es kommt einem so vor, als hätte man diese Person schon mal irgendwo getroffen und ja, das habt ihr - in eurem Unterbewusstsein.

Was hat das mit einem erfolgreichen Leben zu tun? Denkt noch einmal über das Gelesene nach und findet dann **selbstständig** heraus, wie ihr diese Erkenntnis zu eurem Vorteil nutzen könnt. Lasst euch dabei ruhig etwas Zeit.

Herausgefunden? Gut, machen wir weiter.

Denke Positiv

Ich habe in einem vorigen Kapitel schon mal angesprochen, dass man unbedingt jegliche Negativität aus seinem Leben verbannen sollte, da es ansonsten nur zu noch mehr Negativität führt und das kein Umfeld für Wachstum ist.

Nun ist es jedoch auch in eurer Verantwortung positiv zu denken.

Es spielt keine Rolle, was ihr anpacken wollt. Egal ob Weiterbildung, Geld ansparen oder ein Buch schreiben. Es wird immer 1000 Gründe geben, es nicht zu tun. Ihr dürft aber nicht daran denken, was passieren könnte, wenn ihr versagt oder euer Vorhaben scheitert, denkt daran, was passiert, wenn ich Erfolg habt! An diesem Erfolgsgedanken müsst ihr festhalten, ihn pflegen und beschützen und immer wenn ihr spürt, dass sich negative Gedanken in eurem Kopf breit machen und euch Fragen stellen lassen wie „Lohnt sich das alles?" oder „Kann ich das wirklich schaffen?", müsst ihr wieder zurück an den Anfang gehen und überlegen, warum ihr das überhaupt wolltet! Ihr werdet auf dem Weg zum Erfolg hunderte Male an einen Punkt kommen, an dem ihr euch fragt, ob das alles überhaupt klappen kann oder ob ihr doch nur so naiv wart, um an etwas zu glauben, dass nie passieren wird.
Wenn ihr an diesem Punkt seid, dann atmet tief durch, schließt für einen Moment die Augen und sagt euch selbst „Am Ende ist es das alles Wert" und macht weiter mit dem was ihr gerade macht.
Auf dem Weg zum Erfolg werdet ihr viele Rückschläge in Kauf nehmen müssen, wahrscheinlich werdet ihr eine Zeit lang auch darüber nachdenken, ob ihr alles hinschmeißen sollt. Doch alles, was euch in eurem Leben wiederfährt, hat eine positive und eine negative Seite. Es liegt an euch, ob ihr bei einem Fehlschlag negativ („Das klappt bestimmt nicht und dieser Rückschlag ist ein Zeichen dafür") oder positiv („Ich werde mir nun in Ruhe

ansehen, was ich falsch gemacht habe und daraus lernen.")
denken wollt. Es wird nicht leicht sein, in solchen Momenten
standhaft zu bleiben und positiv zu denken, trotzdem müsst ihr
es versuchen!

Selbstvertrauen und Ehrlichkeit

„Ehrlichkeit ist ein wertvolles Geschenk.", hat Albert Einstein
einmal gesagt und damit hat er vollkommen Recht.

Ich rede nun nicht von Ehrlichkeit, die andere einem zukommen
lassen, sondern von Ehrlichkeit zu sich selbst.
Wie oben festgestellt, wird es Momente geben, in denen ihr
euch selbst gegenübersteht und euer Unterbewusstsein euch
einredet, dass ihr das alles nicht könnt und es in Ordnung ist,
aufzugeben.
In diesen Momenten müsst ihr die innere Kraft besitzen, ruhig zu
bleiben und die Situation sachlich zu analysieren. Ihr müsst
ehrlich zu euch selbst sein. Wollt ihr aufgeben, weil ihr nicht das
nötige Wissen besitzt, um euer Vorhaben zu vollenden oder gebt
ihr auf, weil ihr Angst habt, zu versagen oder zu faul seid eure
Ziele zu verfolgen?

Gerne hätte ich euch einen Rat gegeben, wie ihr solch eine
Situation meistert, leider gibt es aber keinen
wiederverwendbaren Lösungsansatz. Ihr müsst euch euren
Ängsten stellen und ehrlich zu euch selbst sein.

Was ich jedoch tun kann, ist, euch zu sagen, dass es immer die
richtige Entscheidung ist, für seine Ziele zu kämpfen, auch wenn
die Gegner Angst, Stolz oder Bequemlichkeit heißen.

Ihr könnt euch zwischen dem Schmerz, sich aufzurappeln, zu
arbeiten und sich seinen Ängsten zu stellen oder dem Gedanken

„Was wäre wenn?", der euch für alle Zeit verfolgen wird, entscheiden.

Wenn man Menschen, die im Sterben liegen, fragt, welche Dinge, die sie getan haben, sie am meisten bereuen, dann antworten sie meistens damit, dass sie nicht die Dinge bereuen, die sie getan haben, sondern die Dinge, die sie nicht getan haben.

Innovatives Denken

Eine der wichtigsten Denkeigenschaften erfolgreicher Menschen ist es, die nötige Fantasie und den Optimismus zu besitzen, neue und gewagte Projekte anzugehen.

Wahrscheinlich habt ihr euch schon selbst dabei erwischt, dass ihr irgendeine Idee hattet, die ihr dann mit „das ist verrückt, das klappt nie" bewertet habt.
Erfolgreiche Menschen denken nicht so. Sie sind neugierig, experimentierfreudig und haben keine Angst vorm Scheitern.

Wenn wir in der Geschichte zurückdenken, sehen wir, dass die besten Erkenntnisse und Erzeugnisse aus den Köpfen derjenigen stammen, die von der Gesellschaft als verrückt abgestempelt worden waren.

Das soll nicht heißen, dass ihr nun jeder Idee, die euch in den Sinn kommt, nachrennen solltet. Doch Wissen entsteht nur durch Versuche, Erfolge und leider auch Misserfolge.

Ihr solltet damit anfangen, nicht alles was ihr hört, sofort zu verurteilen.

Mit der Zeit werdet ihr ein Gespür dafür bekommen, was realistisch ist und was nicht.
Es ist wichtig, euren Horizont ständig zu erweitern und versuchen daran zu wachsen. Dies wird früher oder später in

einer innovativen Denkweise resultieren, mit der ihr genau bestimmen könnt, welche Produkte, Märkte und Dienstleistungen sich in der Zukunft noch ergeben können. Genau wie die wenigen Leute, die sich sicher waren, dass aus dem Internet solch eine große Sache werden kann und dafür von den vielen anderen für verrückt erklärt wurden.

Meinung durchsetzen und Verhandeln

Für den Erfolg eines Menschen ist es entscheidend, die Fähigkeit zu besitzen, die eigene Meinung richtig zu formulieren, um sie in einer Verhandlung richtig zu positionieren. Es ist egal, ob ihr Lohnverhandlungen mit eurem Chef führt oder doch mit einem Geschäftspartner das weitere Vorgehen bzgl. gewissen Entscheidungen verhandelt, ihr braucht immer zwei Dinge - zum einen die dazu notwendigen Fähigkeiten und zum anderen das Selbstvertrauen, diese Fähigkeiten richtig anzuwenden.
Hier die Grundlagen dazu:

1.) Eigenmotivation erkennen

Für das Führen einer Verhandlung ist wichtig zu wissen, aus welchem Grund man die eigene Meinung durchsetzen will.
Sind es persönliche Gründe?
Dient es dem Wohl des Unternehmens/der Allgemeinheit?
Dient es vielleicht sogar dem Wohl des Verhandlungspartners?

Die Antworten zu diesen Fragen müsst ihr dann in eure Argumentation einfließen lassen.

2.) Die Motivation des Verhandlungspartners erkennen

Um die Eigenmotivation weiter zu steigern, müsst ihr herausfinden, aus welcher Motivation heraus euer Verhandlungspartner argumentiert.

Um dessen Motivation erfassen zu können, verwendet ihr einfach die Fragen zur Feststellung der Eigenmotivation. Habt ihr einmal herausgefunden, wie euer Gegenüber argumentiert, könnt ihr eure Argumente darauf abstimmen.

3.) Zuhören

Zuhören ist eine eurer besten Waffen in einer Verhandlung. Durch aktives Anhören der Argumente des Verhandlungspartners werdet ihr dazu in der Lage sein, eventuelle Schwachstellen in seiner Argumentation zu finden, um dann später auf diese einzugehen. Zudem ist es ein Zeichen von Respekt, wenn man seinen Verhandlungspartner ausreden lässt und zuhört. Euer Verhandlungspartner wird dann eine eher weniger feindliche Stellung einnehmen und sich seine Fehler leichter eingestehen.

4.) Körpersprache

Behaltet eine natürliche Körperhaltung und verstärkt eure Argumente mit gezielt eingesetzter Gestik.

Verschränkt man die Armen und setzt einen bösen Blick auf, fühlt sich der Verhandlungspartner schnell angegriffen und der Ausgang der Verhandlung ist quasi schon fixiert – es wird höchstwahrscheinlich in einer Uneinigkeit oder einem Streit resultieren.

5.) Die Fragetechnik

Im Prinzip ist die Fragetechnik schnell erklärt:

Nachdem wir uns die Argumentation des Verhandlungspartners aktiv angehört haben, beginnen wir damit, seine Logik mit gezielten Fragen als falsch zu entlarven.

Die meisten Verhandlungen werdet ihr nicht deshalb gewinnen, weil ihr euren eigenen Standpunkt durch gute Argumente vertreten habt, sondern, weil ihr eurem Verhandlungspartner zeigt, dass seine Argumentation falsch ist.

Deine Finanzen

Ob fair oder unfair, ob wir es wollen oder nicht, das spielt alles keine Rolle - wir leben nun mal in einer modernisierten Welt, die vom Kapitalismus regiert wird. Wir haben nun zwei Optionen. Wir können sagen „Geld ist mir egal ich will nur Glück und Gesundheit" und dadurch unser finanzielles Todesurteil unterschreiben, oder wir sagen „Ich nehme meine finanzielle Zukunft in die Hand und strebe nach finanziellem Wohlstand, um dadurch unabhängig und frei zu sein."
Ihr könnt natürlich schon an meiner Formulierung ablesen, welche Einstellung ich euch empfehle.

Wenn ich mit Freunden, Verwandten oder Lehrern über das Thema „Geld" spreche, dann höre ich immer Aussagen wie „Ich brauche nur das Nötigste an Geld, um glücklich zu sein." Oder: „Leute die reich werden wollen sind krank, denn sie sind egoistisch und werden nie ein glückliches Leben führen."

Diese klischeehaften Verallgemeinerungen sind in den meisten Fällen gar nicht wahrheitsgemäß. Es gibt viele wohlhabende Leute, die an verschiedene Institutionen viel Geld spenden und Wohltätigkeitsarbeit leisten.

Aber eigentlich ist all das komplett irrelevant, denn es kommt nicht darauf an, wie andere mit ihrem Geld umgehen, sondern wie man selbst mit seinem Geld umgeht.

Man sagt, Geld macht nicht glücklich. Aber stimmt das denn? Wenn man sein Geld nur für sich selbst ausgibt, stimmt diese Aussage ganz bestimmt. Es macht aber sehr wohl glücklich, wenn man seinen Liebsten einen Lebenswunsch erfüllen kann, oder mit Freunden auf tolle Reisen geht. Verbannt diese Aussage am besten schleunigst aus euren Köpfen, sie lenkt euch nur in falsche Richtungen.

Eines hat uns die Evolution gelehrt: der Stärkere überlebt – in unserer Welt aber nicht der körperlich Stärkere, sondern der finanziell Stärkere.

Ihr wollt Veränderung?

Ihr wollt politischen Einfluss?

Ihr wollt nicht herumgeschubst werden?

Beginnt damit, Geld zu verdienen und dieses dann auch zu behalten. Das Ziel muss die finanzielle Unabhängigkeit sein.

Deine Voraussetzungen:

Wo ihr gerade steht und welche Qualifikationen ihr habt, haben wir bereits im Kapitel „Wo stehst du gerade" besprochen.

Nun liegt es an euch, anzufangen zu arbeiten.

Du bist Schüler?

Als Schüler ist euer größter Vorteil eure Zeit. Ein Oberstufenschüler verbringt durchschnittlich 30-35 Stunden pro Woche im Unterricht.

Das bedeutet, dass ihr jede Menge Zeit habt, um zu arbeiten, Bücher zu lesen, euren **Personenwert** zu steigern, Sport zu treiben um sowohl körperlich als auch geistig leistungsfähiger zu werden und andere produktive Aktivitäten zu erledigen, die euch in eurem Leben voran bringen.

Was genau kannst du tun?

Gebt Nachhilfeunterricht. Ihr seid nicht sonderlich gut in dem, was ihr in der Schule lernt? Kein Problem. Es gibt tausend andere Möglichkeiten Geld zu verdienen und das wisst ihr.

Arbeitet an Wochenenden als Lagerarbeiter, als Kellner, als Verkäufer.

Es spielt keine Rolle, was genau ihr macht, es ist nur wichtig, dass ihr eure momentane Situation erkennt, diese akzeptiert und beginnt eure Möglichkeiten auszuwerten.

Du bist Arbeiter?

Ebenfalls kein Problem.

Macht Überstunden, strengt euch mehr an um eventuell eine Prämie oder sogar eine Lohnerhöhung zu bekommen.

Bei euren Mitarbeitern werdet ihr euch dadurch zwar nicht allzu beliebt machen, Unbeliebtheit ist aber leider ein Preis des Erfolgs.

Schaut euch nach anderen Möglichkeiten um.

Lässt es euer Arbeitsvertrag zu, dass du am Wochenende arbeiten kannst?

Wenn ja dann habt ihr keine Entschuldigung, dies nicht zu tun.

Wenn nicht, dann ist das auch nicht so schlimm, denn ihr habt euer Einkommen, das ihr nutzen könnt bzw. müsst, um eurer finanziellen Unabhängigkeit einen Schritt näher zu kommen.

Verkauft euren Krimskrams:

Für alle, die nicht wissen, was Krimskrams bedeutet: Krimskrams ist ein Wort für alte, ungenutzte Sachwerte, die sich meist in Garagen, Kellern oder Dachböden verstecken und dort lediglich als Staubfänger dienen.

In der heutigen Zeit ist es extrem einfach mit Hilfe von Ebay und Co. alte Gegenstände zu verkaufen und dadurch Geld zu verdienen. Schießt ein paar gut ausgeleuchtete Fotos mit euren Smartphones, stellt sie online auf eine Website und gebt einen Preis an. Mehr müsst ihr nicht tun. Oft verstecken sich im Keller oder Dachboden Schätze, deren Wert man komplett unterschätzt. Informiert euch also im Voraus, sodass euer Preis weder zu niedrig noch zu hoch ist. Besonders begehrt sind alte Nintendo Spielekonsolen, Uhren und Schallplatten.
Generell gilt:
„Du musst ein paar Jahre leben, wie die anderen nie leben würden, um danach zu leben, wie die anderen nie leben können.“

Also macht euch an die Arbeit, sucht euch einen Samstagsjob, arbeitet in den Ferien, geht den extra Schritt, den sonst niemand machen würde. Bill Gates sagte einmal, dass er sich in seinen 20'ern keinen einzigen Tag frei genommen hat. Wichtig dabei ist, dass ihr euch nicht an den Leuten orientiert, die nicht arbeiten, sondern an denen, die es tun.

Sparen:

Geld verdienen ist die eine Sache. Geld behalten eine andere. Es bringt nichts, wenn ihr Tag ein und Tag aus arbeitet und viel Geld verdient, aber alles sofort wieder zum Fenster raus werft. Sparen ist eine Kunstform!

Es gibt nicht den einen perfekten Prozentsatz, den ihr sparen solltet. Am Anfang wäre es vielleicht ratsam, ca. ein Drittel eures Geldes zu sparen. Verdient ihr monatlich also 1000€, dann versucht mindestens 300€ davon zu sparen.

Warum ist es wichtig zu sparen?
Ganz einfach: Es ist lebensnotwendig! Besonders zu einem späteren Zeitpunkt, wenn ihr euch selbst versorgen müsst, kann es von Vorteil sein, immer genug Geldreserven zu haben, auf die man zugreifen kann.
Das hat 2 Gründe.

Erstens: Ihr solltet immer in der Lage sein, Notzeiten zu überstehen. Das Leben ist unberechenbar und deswegen müsst ihr auf jede Situation gefasst sein.

Zweitens: Ihr solltet immer genug Geld haben, falls sich spontan eine Möglichkeit bietet, in eine rentable Investition einzusteigen, ohne einen Kredit aufnehmen zu müssen.

Geld ausgeben:

Geld richtig auszugeben ist genauso wichtig wie Geld sparen.
Beim Ausgeben von Geld kann man unterscheiden zwischen **Konsumgütern** und **Anlagegütern.**

Konsumgüter: Konsumgüter sind Gegenstände, die zwar einen relativen Wert haben, jedoch **keinen Mehrwert** bieten. Kauft ihr z.B. ein Auto um 10.000€, besitzt ihr theoretisch einen

Gegenstand mit 10.000€ Gesamtwert, allerdings habt ihr immerfort laufende Kosten für Versicherungen, Instandhaltung, Tanken,… Zudem verlieren Autos, vor allem neue Autos, sehr schnell an Wert, was bedeutet, dass ihr im Endeffekt Geld „verliert". Das soll jetzt nicht heißen, dass man gar keine Sachgegenstände mehr kaufen soll, ihr solltet euch nur über die Tatsache bewusst sein, dass ihr dieses Geld nicht nutzt, um euer Vermögen aufzubauen. Das größte Problem dieser Thematik ist, zwischen Konsumgut und Anlagegut unterscheiden zu können.

Der Investment-Millionär und Buchautor Gerald Hörhan erwähnt in seinem Buch „Investment Punk", welche Irrtümer in den Köpfen der Menschen herrschen, wenn es um die Unterscheidung zwischen Konsum – und Anlagegütern geht.

Anlagegüter: Anlagegüter sind das genaue Gegenteil von Konsumgütern, denn sie bieten euch **einen Mehrwert**. Das bedeutet, dass ihr beim Kauf von solchen Gütern damit rechnet, dass nach einer gewissen Zeit der Wert des Objekts gestiegen ist. Anlagegüter können z.B. Rohstoffe sein. Wenn ihr Öl-Aktien sehr billig kauft und dann ein halbes Jahr später um den doppelten Preis verkauft, dann war das ein sehr gutes Geschäft. Öl kann jedoch auch ein Konsumgut sein, wenn ihr es in Form von Benzin benutzt um euren Neuwagen zu betanken.

Aus meiner Sicht sind die besten Anlagegüter für junge Menschen Bücher.

Und zwar nicht, weil sich der Mehrwert in finanzieller Entlohnung ausdrückt, sondern in Wissen, was viel mehr wert sein kann!

Beliebte Anlagegüter sind auch Immobilien – ABER NICHT ALLE!

Eine gute Immobilienanlage wäre es, wenn man sich, wenn der Zeitpunkt günstig ist (Immobilienpreise niedrig) eine Wohnung in einer beliebten Stadt kauft, das natürlich zu guten Konditionen, und sie dann vermietet. In Österreich wären solche Städte Wien, Innsbruck oder auch Salzburg, in Deutschland Frankfurt, Hamburg, Berlin oder München.

Eine schlechte Anlage wäre es hingegen, wenn man sich in einem ländlichen Gebiet ein großes Haus für die Eigennutzung kauft. Nach 30 Jahren Nutzung ist das Haus aufgrund der Inflation und der Abnutzung des Gebäudes nicht mal annähernd so viel wert, wie es einmal war. Deshalb ist ein **Eigenheim keine gute Geldanlage.**

Wie genau Immobilieninvestitionen funktionieren, ist momentan noch recht irrelevant. Mit was ihr euch wirklich auseinandersetzen solltet, ist die Unterscheidung zwischen Anlagegüter und Konsumgüter, denn wie ihr euer Geld ausgebt, ist ausschlaggebend für euren späteren finanziellen Erfolg.

Zusammenfassend kann man sagen, dass es hin und wieder ganz in Ordnung ist, sich mit Konsumgütern zu belohnen, allerdings sollte das Ziel immer sein, mehr Anlagegüter zu besitzen. Der Grund dafür ist recht simpel – mehr Anlagegüter bringen euch eine **positive Güterbilanz.** Eine positive Güterbilanz erzielt man dann, wenn eure Anlagegüter euch mehr Geld einbringen, als euch eure Konsumgüter kosten. Ihr verdient praktisch ohne zusätzliche Arbeit Geld, denn das in Anlagegüter investierte Geld arbeitet für euch 24 Stunden am Tag, 7 Tage die Woche.

Passives Einkommen

Nun möchte ich euch ausführlich das Prinzip des passiven Einkommens erklären.

Wie wir gerade gehört haben, können wir durch Anlagegüter unser Vermögen steigern, ohne dass wir dafür arbeiten müssen. Das nennt man passives Einkommen.

Im Gegensatz zum aktiven Einkommen, für das durchgehend Arbeitsleistungen erbracht werden muss, müssen wir für unser passives Einkommen, im Normalfall, nur einmal Arbeitskraft investieren und werden danach regelmäßig entlohnt. Es reicht nicht, sich auf nur eine Einkommensquelle zu verlassen. Der durchschnittliche Millionär hat 7 Einkommensquellen.

Ihr fragt euch bestimmt, warum es überhaupt so wichtig ist, ein gutes passives Einkommen zu schaffen. Man könnte sich doch einfach einen gut bezahlten Job suchen? Aufpassen, Denkfehler! Denn egal wie gut euer Job bezahlt ist, euer Einkommen wird immer äquivalent (=gleich hoch) wie eure Arbeitsleistung sein.

Deswegen ist es wichtig, sich Einkommensquellen zu suchen, die unabhängig von eurer Arbeitsleistung eine regelmäßige Entlohnung generieren.

Möglichkeiten diese zu schaffen gibt es einige.

Ich bin, wie bereits erwähnt, ein Realist, weswegen ich weiß, dass es den meisten von euch nicht möglich ist, genug Geld und Knowhow aufzubringen, um mit Firmenbeteiligungen oder ähnlichen Methoden der Geldanlage ein passives Einkommen zu schaffen. Ihr müsst zuerst für euer Geld arbeiten, bevor es für euch arbeiten kann! Fangt an und arbeitet was das Zeug hält.

Falls ihr dachtet, dass man mit ein paar Geheimtipps zum Aktienmillionär wird, habt ihr euch gewaltig getäuscht, solche Geheimtipps existieren überhaupt nicht.

Was jedoch wirklich existiert, ist harte Arbeit, Vernunft und Geduld und genau diese Eigenschaften besitzt ihr alle.

Die beste Möglichkeit für junge Menschen (jedoch mind. 18 Jahre alt), Geld sinnvoll zu investieren, ist ein ETF-Sparplan.

ETF-Sparpläne

ETF bedeutet „Exchange Trade Fund" also auf Deutsch „börsengehaltener Fonds".

Dabei handelt es sich um einen Investmentfonds, der mit dem Geld der Anleger an der Börse in fondsspezifische Wertanlagen investiert.

Ein ETF-Sparplan ist eine Anlagemethode, in die ihr (am besten anfangs zusammen mit einem Bankberater) ein Anlageportfolio erstellt, welches aus einem oder mehreren Fondsanlagen bestehen kann. Diese ausgewählten Anlagen sollten relativ risikoarm sein (zur Bewertung von Risiko kommen wir gleich).

Das Vorgehen ist einfach. Man zahlt eine monatliche „Sparrate" in diesen Sparplan ein und hat dadurch die Möglichkeit, sein Geld in die verschiedensten Bereiche der Wirtschaft zu investieren. Ziel ist es, sich durch diesen Sparplan am Wachstum der Weltwirtschaft zu beteiligen und sein Geld besser zu positionieren. Der Vorteil dieser Sparpläne ist, dass ihr durch eine gute Streuung (d.h., dass ihr in viele verschiedene Bereiche investiert) ein relativ geringes Risiko habt und mit einer durchaus realistischen Rendite von 5-8% jährlich zu rechnen ist. Das ist natürlich nicht die Welt, aber immer noch um einiges besser als die 1%, die ihr auf ein Sparbuch bekommt. Der zweite Vorteil ist, dass ihr mit sehr geringem Startkapital investieren könnt, d.h. ihr könnt z.B. eine monatliche Sparrate von 50€ festlegen und euch dann stetig steigern. Die genauen Schritte zur Erstellung solcher Sparpläne erkläre ich euch jetzt:

1) Wie viel Geld habe ich zur Verfügung?

Bevor ihr euch überlegt, in welche Dinge ihr investieren wollt, solltet ihr euch vorher genau überlegen, wie viel Geld ihr monatlich fürs Investieren zur Verfügung habt.

Wichtig dabei ist, dass dieses investierte Geld euren Lebensstandard nicht großartig beeinflusst.

Wenn ihr z.B. 300€ monatlich durch einen Samstagsjob verdient und 50€ Taschengeld bekommt, dann solltet ihr meiner Meinung nach nicht mehr als 50-75€ monatlich investieren, um noch in der Lage zu sein, euch andere notwendige Dinge wie z.B. Kleidung, Essen, Kino leisten zu können.

Beim Bestimmen euer monatlichen Sparrate solltet ihr vorerst etwas niedriger ansetzen und wenn ihr merkt, dass ihr am Ende des Monats noch Geld übrig habt, könnt ihr die Sparrate im Nachhinein meist ohne großen Aufwand noch erhöhen.

2) Die Konditionen

Falls ihr mit ETF-Sparplänen noch nicht so vertraut seid, solltet ihr euren Sparplan zusammen mit eurem Bankberater gestalten. Beim ersten Treffen erklärt ihr eurem Berater am besten euren Standpunkt bzw. euer Vorhaben und holt Informationen darüber ein, welche Möglichkeiten eure Bank für diesen Sparplan anbietet.

Wichtig dabei ist, dass ihr euch ausführlich über die Kosten bzw. die Konditionen eurer Bank informiert, denn ausschlaggebend für die Rentabilität eures Sparplanes ist, dass ihr die Kosten so gering wie möglich haltet. Mit Konditionen sind Kosten für z.B. Transaktionen gemeint.

Des Weiteren ist es wichtig, ein offenes und gutes Verhältnis zu eurem Berater zu haben, da er euch in Zukunft eine gute Unterstützung sein kann.

3) Die Auswahl der Investments

Wie bereits erwähnt, sollten die Anlagen, in die ihr investiert, relativ risikoarm und breit gestreut sein. Genau diese Informationen solltet ihr eurem Bankberater mitteilen.

Informiert euch, unabhängig von den Empfehlungen eures Bankberaters, über verschiedene Fonds oder andere Anlagemöglichkeiten, die ihr in eurem Portfolio wollt. Diese Informationen könnt ihr euch von Webseiten wie „finanzen.net" oder anderen Börsen-Informationsseiten besorgen. Dabei ist es wichtig, dass man weiß, worauf man achten muss.

Vorher solltet ihr euch jedoch überlegen, in welcher Handelsklasse die Fonds, in die ihr investieren wollt, tätig sein sollen. Aktien, Rohstoffe, Staatsanleihen oder alles zusammen?

4) Der Einstieg

Vor ihr nun einsteigt, tretet einen Schritt zurück und seht euch die Gesamtsituation der Wirtschaft an. Wie ihr bereits wisst, gibt es verschiedene Börsenzyklen, von denen Fonds genauso betroffen sind wie die Privatanleger. Der Zeitpunkt des Einstiegs ist demnach extrem wichtig, denn egal wie gut der Fonds ist, ist der Zeitpunkt schlecht gewählt, verliert ihr euer Geld. Deswegen ist es wichtig sich die gesamtwirtschaftliche Situation anzusehen und objektiv zu bewerten ob es Sinn macht zu dem momentanen Zeitpunkt zu investieren oder nicht.

Es ist gar nicht so einfach, diese Entscheidung zu treffen, da man sein Geld nicht nur „rumliegen" lassen will, es aber Momente gibt, in denen man sich besser gedulden sollte.

5) Das Management

Investiert ihr nach dieser Methode, solltet ihr nicht nach 1-2 Jahren verkaufen um Gewinne einzustreichen.

Das würde erstens nicht viel Sinn machen, da in zwei Jahren höchstwahrscheinlich nicht allzu viel Gesamtwachstum stattfinden wird und zweitens ist diese Anlagemöglichkeit darauf ausgelegt, langfristig mit Hilfe des Zinseszinseffekt ein immer größer werdendes Vermögen aufzubauen. Verwerft den Gedanken, über Nacht reich zu werden und freut euch lieber darauf, über die Jahre hinweg ein immer größeres Vermögen aufzubauen. Wenn ihr diese Aktienportfolien über 10-20 Jahre haltet, dann werdet ihr alle Zyklen der Börse miterleben. Es wird Jahre geben, in denen ihr garkeinen Gewinn macht und vielleicht sogar Geld verlieren werdet und es wird Jahre geben, in denen ihr riesiges Wachstum beobachten könnt.

In beiden Fällen ist es eure Aufgabe, ruhig zu bleiben und geduldig den weiteren Wirtschaftsverlauf zu beobachten. Am Ende zählt nur eines: Ein positiver Schnitt, was nur möglich ist, wenn man über Jahre hinweg eine solide Anlagestrategie verfolgt und sich nicht von Marktschwankungen beeinflussen lasst.

Ich werde euch nun die **Grundlage** der Bewertung gewisser Kennzahlen verdeutlichen und euch gewisse Dinge dazu erklären, trotzdem liegt es in eurer eigenen Verantwortung, euch in diesem Bereich fortzubilden.

Wichtig beim Bewerten von Fonds ist es, sich den **Anlegerbericht** des Fonds durchzulesen, um Informationen darüber zu erhalten, wie die Performance, also die Leistung des Fonds, über die letzten 5-10 Jahre ausgesehen hat. Besonders wichtig ist es, sich die Kennzahlen von wirtschaftlich schwachen Jahren, wie z.B. die Jahre um 2008, anzuschauen und genau auf folgende Punkte zu achten:

- **maximaler Verlust in Prozent**
- Verhältnis **Ertrag/Risiko**
- **Durchschnittswachstums**
- **Fondsinternen Kosten**

Das wichtigste beim Auswählen des geeigneten Fonds ist jedoch, dass man die Anlagestrategie versteht.

Es macht keinen Sinn, euer Geld in einen Fonds zu investieren und nicht zu wissen, was genau mit dem Geld passiert. In den Fondsprospekten steht meistens, nach welcher Methode die Fonds-Verwaltung vorgeht.

Wenn diese Methode mit extrem vielen Fachwörtern und tollen Erfolgen des Fonds geschmückt ist und ihr nach dem dritten Mal lesen immer noch nicht wisst, wo euer Geld hinfließt, dann rate ich euch die Finger davon zu lassen.

Im Idealfall sollte die Investmentstrategie des Fonds eurer eigenen gleichen: sicheres Investieren mit kontrolliertem Risiko in konstante Wertanlagen.

Beim Analysieren der Kenndaten eines Fonds müsst ihr auf viele verschiedene Dinge achten. Eins davon ist die Währung, mit der der Fonds arbeitet. Das ist deswegen relevant, da es zwischen Währungen ebenfalls Wertschwankungen geben kann. Es würde also keinen Sinn machen, in einen Fonds zu investieren, der mit Schweizer Franken arbeitet, wenn meine Eigenwährung der Euro ist.

Ebenfalls anschauen sollte man sich das Gesamtvolumen des Fonds, um ein Gefühl für dessen Größe zu bekommen. (Gesamtvolumen eines Fonds sind Eigenkapital minus Schulden.) Man sollte sich auch darüber informieren, ob der Fonds die Rendite des Anlegers ausschüttet oder automatisch reinvestiert und herausfinden, wie hoch die Fonds-Verwaltungskosten sind.

Um in diesem Bereich wirklich erfolgreich Vermögen aufbauen zu können, wäre es trotzdem ratsam, wenn ihr euch einiges an Wissen selbst aneignet.

Zusätzlich solltet ihr alle Risiken und andere wichtige Informationen im Vorfeld mit eurem Bankberater besprechen.

Je mehr ihr euch mit der Thematik des Geld Verdienens und des Geld Vermehrens auseinandersetzt, umso mehr werdet ihr ein Gespür dafür bekommen, welche Dinge für euch funktionieren und welche nicht.

Es werden sich mit der Zeit viele Möglichkeiten ergeben, Investments zu tätigen und eure Aufgabe als erfolgreich denkender Mensch wird es sein, zu entscheiden, ob sich diese Investments lohnen oder nicht.

Eines möchte ich euch noch sagen: nach finanziellem Reichtum zu streben ist auf keinen Fall „moralisch verwerflich" oder „ethisch inkorrekt"!

Ich persönlich finde es ein edles Ziel, eine freie und unabhängige Zukunft anzustreben, die man durch finanzielle Unabhängigkeit, also einem passiven Einkommen, erreicht. Jeder muss selbst entscheiden, ob er diese finanzielle Unabhängigkeit anstreben möchte oder nicht. Lasst euch, wenn ihr euren Weg erst mal gefunden habt, von keinem mehr umstimmen und zieht euer Ding durch!

Mit diesen Worten sind wir schon fast am Ende angekommen - ich hoffe ihr nutzt viele der Tipps und Ratschläge als Denkanstöße und bildet euch ab jetzt selbst weiter!

Was dich schon bald in deinem Leben erwartet

Ihr habt nun die Wahl.

Werdet ihr weiterhin der gesellschaftlichen Norm entsprechen, nur das Nötigste tun und euch, wie all die anderen, nicht um eure Zukunft kümmern?

Oder werdet ihr eure Zukunft selbst anpacken, Verantwortung übernehmen und zielstrebig an euren finanziellen und persönlichen Zielen arbeiten?

Das dazu notwendige Wissen habt ihr nun, die alten Ausreden gelten nicht mehr, es liegt ganz an euch.

Ich kann euch allen versprechen, dass die Welt für junge Leute, die ihre finanzielle Zukunft nicht ernst nehmen, meist kein schöner Ort ist.

Ihr werdet früher oder später bei euren Eltern ausziehen müssen, euch eine eigene Wohnung suchen, eure eigenen Rechnungen bezahlen, euer eigenes Essen einkaufen müssen.

Ihr werdet viel arbeiten müssen und werdet wenig Zeit für Freunde und Familie haben und trotzdem werdet ihr gerade so über die Runden kommen.

Ihr werdet euch dann fragen, wann es denn endlich besser wird.

Aber das wird es nicht.

Es sei denn IHR bessert euch.

Ich bin fest davon überzeugt, dass jede Leserin und jeder Leser das Potential hat, etwas Großartiges aus dem Leben zu machen.

Das geschieht jedoch nicht von selbst.

Ich weiß, dass einige von den Lesern nach dem Lesen dieses Buches ihr Leben genauso weiterleben werden wie zuvor. Ohne einen Plan für die Zukunft, ohne Engagement und ohne Perspektive. Das einzige, was diese Menschen jeden Tag aus dem Bett bringt, ist die naive Hoffnung auf „den perfekten Moment", der ultimative Moment, der sie reich macht und ihnen alles gibt, was sie sich jemals gewünscht haben.

Diese Menschen wissen nicht einmal genau, auf was sie eigentlich warten, sie sagen immer nur, sie warten auf „den perfekten Moment", doch sie haben weder eine Vorstellung, wie dieser Moment aussieht, noch Ahnung wann er kommt.

Ich verrate euch was.

Dieser „perfekte Moment" existiert.

Aber er wird nicht auf einmal vom Himmel fallen und rosarot glitzern. Nein.

Dieser „perfekte Moment" existiert in jedem von euch, in Form von Charakter, in Form von Talent, in Form von Durchhaltevermögen, in Form von Erfahrung und in Form von Individualität.

Es ist eure Aufgabe diesen „perfekten Moment" zu nutzen.

Es gibt Milliarden von Menschen, die nicht dieselben Möglichkeiten haben und liebend gern mit euch die Plätze tauschen würden. Ich finde, ihr schuldet es diesen Menschen, das Beste aus eurer Situation zu machen, rein aus dem Grund, weil ihr es könnt.

Wir haben von unseren Eltern quasi ein Flugticket bekommen und zwar nicht nur irgendeins, sondern ein First-Class Ticket. Wir haben es so einfach und dennoch sind viele von uns einfach zu faul oder finden andere Ausreden.

In unserer Position gibt es keine Ausreden. Wir können erreichen, was wir wollen und wenn wir das nicht nutzen sind wir die Einzigen, die Schuld tragen.

Es wird schwer.

Es wird einsam.

Niemand wird an dich glauben, außer du selbst.

Arbeite hart.

Lass dich nicht unterkriegen.

Es wird Tage geben, an denen du alles hinschmeißen willst.
Tu es nicht.
Gib nicht auf, denn...

... am Ende ist es das alles wert.